rowohlt

Ken Blanchard / Margret McBride

S.O.R.R.Y.!

WIE DER MINUTEN-MANAGER
ALLES ZUM GUTEN WENDET

Deutsch von
Christian Liedtke

Rowohlt

Die amerikanische Originalausgabe erschien 2003 unter dem Titel
The One Minute Apology. A Powerful Way To Make Things Better
bei William Morrow, An Imprint of Harper Collins Publishers, New York.

1. Auflage September 2004
Copyright der deutschsprachigen Ausgabe
© 2004 by Rowohlt Verlag GmbH, Reinbek bei Hamburg
THE ONE MINUTE APOLOGY © 2003 by The Blanchard Family
Partnership and Margret McBride
Alle deutschen Rechte vorbehalten
Lektorat Frank Strickstrock
Satz aus Bembo PostScript QuarkXPress 4.1
bei KCS GmbH, Buchholz i. d. Nordheide
Druck und Bindung Clausen & Bosse, Leck
Printed in Germany
ISBN 3 498 00637 1

Für all diejenigen unter uns, die sich das Leben,
am Arbeitsplatz und zu Hause, mit ein paar aufrichtigen
und zur rechten Zeit vorgebrachten Entschuldigungen
einfacher hätten machen können.

INHALT

VORWORT

von Spencer Johnson

S.O.R.R.Y.! erzählt die Geschichte eines Konzernchefs, der mitten in dieser schnelllebigen Zeit einen Fehler gemacht hat, wie wir ihn nur allzu oft in den Schlagzeilen unserer Zeitungen finden. Man muss sich wundern, wie solche intelligenten und offensichtlich erfolgreichen Menschen derartig vom Kurs abkommen und den Blick für das Wesentliche verlieren können. Und allzu oft erleben wir dann auch noch, wie sie ihren Fehler verschlimmern, weil sie nicht zugeben, dass sie sich geirrt haben, und sich nicht auf angemessene Weise dafür entschuldigen – nämlich indem sie ihr Verhalten ändern.

Und während wir dabei zusehen, wie dieses lebensechte Drama seinen Lauf nimmt, verschlimmert sich natürlich die Situation – solange nichts unternommen wird – immer mehr. Und wie viele unter uns können sich selbst in solchen Geschichten wiederfinden – selbst wenn sie nicht in einer solchen Position sind oder nicht dieselben Fehler gemacht haben? Schließlich haben wir doch alle unsere eigenen Fehler begangen.

Die folgende Geschichte zeigt, wie Sie im Berufs- oder Privatleben erkennen, wann Sie etwas falsch gemacht haben und wie Sie sich bei den Menschen, denen Sie geschadet haben, so entschuldigen können, dass Sie die Situation zum Guten wenden.

Es gibt kaum etwas Wirkungsvolleres, als jene Vernunft, Weisheit und Stärke an den Tag zu legen, die zum Eingeständnis eines Fehlers nötig ist – und den Versuch zu unternehmen, die Dinge wieder in Ordnung zu bringen.

Durch die Augen eines jungen Mannes, der das Geheimnis der richtigen Entschuldigung kennen lernt, zeigen uns Ken Blanchard und Margret McBride, wie wir mit unseren Fehlern positiv umgehen können.

Im ersten Kapitel erfahren wir, in welchem Dilemma der Firmenpräsident steckt. Sein junger Assistent begibt sich dann zum Ferienhaus des Minuten-Managers, wo er wichtige Einsichten gewinnt, wie er ihm helfen kann.

Die Geschichte von der Reise des jungen Mannes hilft uns zu erkennen, was wir selbst tun können, um zu Hause oder am Arbeitsplatz mit Minuten-Entschuldigungen eine verfahrene Situation zum Guten zu wenden.

Wenn unsere Führungspersönlichkeiten die Kraft der Minuten-Entschuldigung nutzen würden, um notwendige Veränderungen einzuleiten, dann sähe es auf der Welt besser aus. Aber warum warten? Wir können die Minuten-Entschuldigung selbst anwenden, um *unsere* Welt zu verbessern und uns der fabelhaften Ergebnisse zu erfreuen.

Die Minuten-Entschuldigung ist mehr als bloß eine Technik. Und sie ist weit mehr als ein bloßes Lippenbekenntnis. Sie ist ein sinnvoller Weg zu erfolgreicherem Denken und Leben.

Ich hoffe, Sie lesen diese Geschichte mit ebenso großem Vergnügen und Gewinn, wie ich es getan habe.

DIE REISE

Es war einmal ein junger Mann, der sich auf eine Reise begab, die sein Leben verändern sollte. Eine schwere Krise in dem Unternehmen, für das er arbeitete, bereitete ihm große Sorgen und veranlasste ihn zu seiner Suche. Er ahnte nicht, dass er schon bald eine geheime Kraft entdecken sollte, die nur wenigen bekannt war, aber von vielen hoch geschätzt werden würde.

DER PRÄSIDENT

Es war Freitag, am Vorabend eines verlängerten Wochenendes – der Montag war ein Feiertag –, und gerade fand eine Krisensitzung des Aufsichtsrates statt. Am Kopfende des langen Konferenztisches im Sitzungssaal der Firma stand der Präsident und redete.

Anfangs sprach der Präsident ruhig und sicher, als er begann, das Problem zu beschreiben. Aber sein Tonfall änderte sich, als einige Fragen an ihn gerichtet wurden: *Wie lange geht das schon so? Wann haben Sie zum ersten Mal davon erfahren? Warum haben Sie nicht schon früher etwas unternommen? Hätten Sie sich nicht denken können, was für Folgen das haben könnte?*

Der Präsident wies jegliche Verantwortung von sich, er verteidigte sich und wurde aggressiv. Das machte alles noch schlimmer.

Die Aufsichtsratsmitglieder hatten den Präsidenten noch nie so erlebt. Als er zu reden aufhörte, war es mucksmäuschenstill im Raum. Alle waren wie betäubt von dem, was soeben geschehen war.

DER JUNGE MANN

Als Assistent und rechte Hand des Präsidenten hatte der junge Mann auf dessen Bitte hin schon vielen Aufsichtsratssitzungen beigewohnt, aber eine wie diese hatte er noch nie erlebt. Es war ein Schock für ihn, denn er bewunderte den Präsidenten. Der ältere Mann hatte ihm geholfen, sein Potenzial zu entdecken, und ihm seine erste große Chance nach dem Betriebswirtschaftsstudium gegeben.

Was würde jetzt geschehen?

Ist das der Anfang vom Ende?, dachte der junge Mann und spürte, wie ihn der Mut verließ. *Wie soll unsere Firma das nur überstehen?*

Ihm war klar, dass der Präsident einen völlig neuen Kurs einschlagen musste, sonst waren die Arbeitsplätze aller Mitarbeiter in Gefahr. Ja, es stand sogar die Zukunft des gesamten Unternehmens auf dem Spiel.

Der junge Mann hörte zu, als der Aufsichtsratsvorsitzende sich an den Präsidenten wandte.

«Nun gut, wir haben all Ihre Ausflüchte und Rechtfertigungsversuche gehört», begann er. «Offen gestanden bin ich davon nicht sehr beeindruckt. Wenn wir das hier nicht schnell in den Griff bekommen, dann ist das Ansehen unserer Firma am Markt ebenso ruiniert wie unser Aktienkurs. Am Dienstagmorgen, wenn das verlängerte Wochenende vorüber ist», fuhr der Aufsichtsratsvorsitzende fort, «werden wir wieder hier zusammenkommen. Sie haben eine Chance verdient, die Dinge wieder geradezurücken. Bis dahin sollten Sie gründlich darüber nachdenken, was Sie tun und was Sie sagen werden. Wenn Ihnen dann kein effektiver Weg eingefallen ist, um unser Vertrauen wiederherzustellen, müssen wir uns möglicherweise nach einer neuen Führung für das Unternehmen umsehen.»

Der Aufsichtsratsvorsitzende verkündete, die Sitzung sei vertagt. Sichtlich erschüttert erhob sich der Präsident, um den Raum zu verlassen.

Der junge Mann öffnete die Tür des Sitzungsaales. Als der Firmenpräsident an ihm vorbeischritt, signalisierte er dem jungen Mann, ihm zu seinem Auto zu folgen, das bereits wartete.

«Bitte hinterlassen Sie auf meiner Voice-Mail eine Nachricht, wo Sie sich am Wochenende aufhalten werden, für den Fall, dass ich Sie erreichen muss», sagte der Präsident. «Wenn möglich, wünsche ich, dass Sie am Montagmorgen um sieben Uhr zu mir ins Büro kommen, um die Sitzung am Dienstag vorzubereiten.»

Als der Wagen davonbrauste, überkam den jungen Mann die Angst. Er wusste, dass der Präsident einen schweren Fehler machte. Jedem im Aufsichtsrat schien das klar zu sein, nur dem Präsidenten nicht. Der junge Mann dachte: *Was kann ich bloß tun, um zu helfen?*

Als er wieder in seinem Büro war, überdachte der junge Mann die Situation. Was konnte der Präsident dem Aufsichtsrat am Dienstagmorgen nur sagen, um seinen Sturz zu verhindern? *Wo kann ich die Antworten finden, die ihm dabei helfen könnten, die Dinge wieder ins Lot zu bringen?*

Dann fiel ihm ein, was sein verstorbener Vater ihm mit auf den Weg gegeben hatte: «Falls du irgendwann einmal Hilfe brauchst, dann wende dich an meinen Freund, den Minuten-Manager. Er wird dir immer gerne helfen.»

Der junge Mann rief im Büro des Minuten-Managers an und erfuhr, dass er gerade Ferien in seinem Haus am See machte, zusammen mit seiner Frau Carol und ihren gemeinsamen Kindern Annie und Brad. Das rief bei ihm viele glückliche Erinnerungen an die Zeiten wach, als er mit seinen Eltern jeden Sommer dort zu Besuch gewesen war. Brad und Annie waren beinahe wie Bruder und Schwester für ihn gewesen. Sein letzter Besuch bei ihnen lag jetzt schon fünf Jahre zurück.

Der junge Mann hinterließ dem Minuten-Manager eine Nachricht auf der Voice-Mail, in der er sein Problem skizzierte. Er sagte, er benötige seinen Rat als Experte bis spätestens Montag, aber natürlich hätte er Verständnis dafür, falls der Minuten-Manager den Urlaub mit seiner Familie nicht unterbrechen wolle.

DER MINUTEN-MANAGER

Als der junge Mann wieder in seiner Wohnung war, klingelte das Telefon. Er nahm sofort ab und hörte die kräftige, optimistische Stimme des Minuten-Managers: «Aber selbstverständlich helfe ich dir, mit Vergnügen! *Es gibt eine wirkungsvolle, geheime Kraft, in die ich schon viele Menschen eingeweiht habe, und sobald sie anfangen, sie effektiv einzusetzen, sind sie in der Lage, Probleme leichter zu lösen. Sie heißt die Minuten-Entschuldigung.* Es scheint mir genau das zu sein, was dein Präsident braucht.»

«*Minuten-Entschuldigung?*», fragte der junge Mann zurück.

«Es steckt mehr dahinter, als ich jetzt am Telefon erklären kann. Komm doch einfach übers Wochenende zu uns an den See! Du wirst dein Problem aus einer neuen Perspektive betrachten. Du könntest auch deine Golfschläger mitbringen. Wir werden Spaß haben, während wir das Problem lösen! Heute Abend um 19.30 Uhr geht ein Flug. Brad kann dich vom Flughafen abholen. Annie kommt morgen früh hier an. Sie werden sich alle darauf freuen, dich wiederzusehen! Und sie sind alle Experten für die Minuten-Entschuldigung.»

Die Stimmung des jungen Mannes wurde schon besser, als er sich dafür entschied, die Einladung anzunehmen.

«Was die Minuten-Entschuldigung betrifft», sagte der Minuten-Manager, «so könntest du auf dem Weg zu uns schon einmal ein bisschen über das hier nachdenken:

Das Schwierigste

an der Entschuldigung ist es,

einzusehen und zuzugeben,

dass man etwas falsch gemacht hat.

DIE MINUTEN-
ENTSCHULDIGUNG

Auf dem Weg zum Flughafen rief der junge Mann die Voice-Mail des Firmenpräsidenten an, hinterließ, wo er zu erreichen war, und bestätigte das Treffen am frühen Montagmorgen. Die Stimme des Präsidenten auf der Voice-Mail verstärkte die Besorgnis des jungen Mannes noch einmal.

Nach der Landung erwartete Brad den jungen Mann am Gepäckband. Die beiden umarmten sich herzlich. Es war, als hätten sie sich erst gestern zuletzt gesehen. Sie verbrachten die ganze Fahrt in angeregter Unterhaltung. Am See angekommen, wurden sie von dem Minuten-Manager und seiner Frau Carol warmherzig begrüßt. Sie ließen den jungen Mann wissen, wie sehr sie sich freuten, dass er wieder einmal bei ihnen war. Als er das Wohnzimmer betrat, bemerkte er, dass sich dort kaum etwas verändert hatte. Wie eh und je lud die gemütliche, bequeme Einrichtung dazu ein, sich zu entspannen.

Der Minuten-Manager bot dem jungen Mann einen kühlen Drink an. Nachdem sie einander über die jüngsten Ereignisse ihres Lebens auf den neusten Stand gebracht hatten, zogen Brad und Carol sich zurück, um dem Minuten-Manager und dem jungen Mann Gelegenheit zu geben, sich in Ruhe zu unterhalten.

Der Minuten-Manager kam sofort zur Sache. «Du bist nur für kurze Zeit hier, lass uns also ein paar Ziele festlegen, die du dieses Wochenende erreichen willst.»

«Mein wichtigstes Ziel ist es, deinen Rat zu hören, wie ich meinem Präsidenten helfen kann. Unter anderen Umständen hätte ich liebend gerne mit dir Golf gespielt, aber dieses Problem in den Griff zu bekommen könnte das ganze Wochenende in Anspruch nehmen. Wenn die ganze Sache bloß anders gelaufen wäre ... vielleicht hätte ich lieber ...»

Der Minuten-Manager versetzte: «Du wirst Zeit haben, Golf zu spielen und dein Problem zu lösen. Aber zuallererst musst du aufhören, Ausdrücke wie *hätte, wäre, wenn* zu benutzen. Das sind ‹Sorgenwörter›. Sie geben dir das Gefühl von Machtlosigkeit, Entmutigung und Verwirrung. Sie lassen dich in der Vergangenheit verharren und halten dich davon ab, den besten Weg zu wählen. *Und sie halten dich auch davon ab, ehrlich zu dir selbst zu sein.*»

Der junge Mann blickte erstaunt.

Der Minuten-Manager sagte: «Willst du später auf dieses Wochenende zurückblicken und sagen, dass du die Zeit damit verbracht hast, dich mit Dingen aus der Vergangenheit abzuquälen, die du sowieso nicht mehr ändern kannst? Oder willst du es als das Wochenende in Erinnerung behalten, an dem du dich entschieden hast, etwas Neues zu lernen, um die Dinge zum Guten zu wenden?»

«Natürlich möchte ich lieber lernen, die Dinge zum Guten zu wenden», antwortete der junge Mann.

«Gut», sagte der Minuten-Manager. Er stand auf und führte den jungen Mann auf die Veranda, von der man den ganzen See überblicken konnte.

Das Spiegelbild des Mondes schimmerte auf der Wasseroberfläche. In der Ferne zeichneten sich die Silhouetten der Pinien und der Berge ab. Sie konnten die flimmernden Lichter der Ferienhäuser auf der anderen Seite des Sees erkennen.

Der Minuten-Manager setzte sich in einen der Gartenstühle und bedeutete dem jungen Mann, dasselbe zu tun. «Bevor wir anfangen, möchte ich dir etwas Wichtiges sagen. Weißt du, was mir an deiner Nachricht auf meiner Voice-Mail besonders gefallen hat?»

«Nein», antwortete der junge Mann.

«Du hast gesagt, du arbeitest für jemanden, den du bewunderst, die Firma sei in Schwierigkeiten und du möchtest eine Möglichkeit finden zu helfen. Weißt du, wie selten so etwas ist? Viele Leute sagen: ‹Das ist nicht meine Sorge.› Sie kapseln sich von dem Problem ab und halten sich fern von denen, die damit zu tun haben. Psychologisch gesehen verlassen sie das sinkende Schiff. Danach, wenn die Wogen sich geglättet haben, sind sie wieder dabei. Wenn jemand wie du sich so engagiert, dann tue ich alles, um zu helfen.»

Der junge Mann erwiderte: «Nun ja, der Präsident hat mir nach meinem Examen eine große Chance gegeben, und Mentoren wie er sind selten. Ich würde mich nicht wohl in meiner Haut fühlen, wenn ich ihn und die Firma jetzt im Stich ließe, wo sie in der Klemme sitzen und Hilfe brauchen.»

«Ich bewundere deine Einstellung.»

«Danke», sagte der junge Mann. «Es gefällt mir aber auch, einem dynamischen Unternehmen anzugehören, und ich bin davon überzeugt, dass wir trotz allem eine erfolgreiche Zukunft haben können. Ich muss unbedingt verstehen, wie es passieren konnte, dass die Dinge so schief gehen konnten – und das auch noch so schnell. Die ganze Situation ist ein einziges Schlamassel. Ich weiß kaum, wo ich anfangen soll.»

Auf der Veranda schilderte der junge Mann die Probleme seiner Firma.

Als er fertig war, wandte der Minuten-Manager sich ihm zu und sagte: «Nach all dem, was du mir erzählt hast, gebe ich dir Recht, die Lage ist ernster, als ich vermutet hatte. Ich verstehe, dass du so besorgt bist. Wenn keine wohl durchdachten Maßnahmen ergriffen werden, könnte deine ganze Firma ziemlich schnell den Bach runtergehen.»

Nach einer Pause fuhr der Minuten-Manager fort: «Tatsache ist, dass ich mehr denn je das Gefühl habe, dass es nur *Eines* gibt, was dein Präsident machen kann, um die Lage für alle Betroffenen dramatisch zu verbessern.»

«Am Telefon hast du von der Minuten-Entschuldigung gesprochen. Ist es das?»

«Ganz genau. *Richtig angewandt, ist die Minuten-Entschuldigung eine der wirkungsvollsten Handlungen, um eine Situation, wie du sie gerade beschrieben hast, wieder in Ordnung zu bringen.»*

«Dann erzähl mir doch bitte alles darüber», antwortete der junge Mann.

«Seit über zwanzig Jahren wende ich drei Management-Geheimnisse an», sagte der Minuten-Manager.

«*Ich weiß*», unterbrach ihn der junge Mann, «das *Minuten-Ziel, das Minuten-Lob und die Minuten-Kritik.»*

Der Minuten-Manager lächelte. «Kurz nachdem man mich gebeten hatte, anderen diese drei Geheimnisse beizubringen, fragte mich ein Topmanager: ‹Was ist, wenn Manager Fehler machen? Was können sie tun, um wieder in die Erfolgsspur zu kommen?› Da habe ich angefangen, über die Minuten-Entschuldigung nachzudenken. Einige Leute nennen sie mein viertes Geheimnis. Ich weiß nur, dass du dich entschuldigen musst, sobald dir klar ist, dass du etwas falsch gemacht hast.»

Nachdenklich sagte der junge Mann: «Mein Präsident hat mit Sicherheit gerade einige schwere Fehler begangen. Wird eine Entschuldigung da ausreichen?»

«Nicht, wenn die Entschuldigung allein aus Worten besteht», antwortete der Minuten-Manager.

«Die wahre Kraft der Minuten-Entschuldigung liegt also in Taten, nicht in Worten», sagte der junge Mann.

Der Minuten-Manager nickte zustimmend. Der junge Mann schlug sein Notizbuch auf und schrieb:

Die Kraft der Minuten-Entschuldigung

geht über bloße Worte weit hinaus.

«Es gehört also mehr zu einer Entschuldigung, als ich dachte», bemerkte der junge Mann.

«*Fehler nagen an einer Beziehung und vergiften sie*», fuhr der Minuten-Manager fort. «*Unabhängig von allem, was er von nun an vielleicht richtig macht – wenn dein Präsident nicht unverzüglich seine Fehler eingesteht und sie dann korrigiert, indem er sein Verhalten ändert, wird er das Vertrauen des Aufsichtsrates verlieren, und Karrieren und Beziehungen werden Schaden nehmen.*»

«Eine Entschuldigung kann also nicht nur Fehler korrigieren, sondern auch das Vertrauen wiederherstellen, das andere in einen haben.»

«*Darum ist auch eine sichtbare Änderung des Verhaltens so wichtig*», sagte der Minuten-Manager. «*Bei einer Minuten-Entschuldigung gibst du zu, dass du einen Fehler gemacht hast, und kümmerst dich um die Ursache des Schadens statt um die Symptome.*»

«Kaum zu glauben, dass man das alles in einer Minute schaffen kann», gab der junge Mann zu bedenken.

«*Sie heißt Minuten-Entschuldigung, weil sie in den meisten Fällen innerhalb einer Minute ausgesprochen werden kann, wenn sie auch wesentlich mehr Vorbereitungszeit erfordert.* Bei der Minuten-Entschuldigung gibt es keine Ausreden, keine Selbstbezichtigungen, kein Drama. Sie kommt direkt auf den Punkt, ist einfach und wirkungsvoll. Der zeitaufwendige Teil besteht darin, vollkommen ehrlich zu sich selbst zu sein und die Verantwortung für die eigenen Fehler zu übernehmen, bevor man sich entschuldigt. Solange man das nicht tut, wird jede Entschuldigung ihre Wirkung verfehlen.»

«Ich verstehe», sagte der junge Mann nachdenklich.

«Genau da scheint das Problem deines Präsidenten zu liegen», sagte der Minuten-Manager. «Das Versagen vieler Führungspersönlichkeiten beginnt in dem Augenblick, wo sie nicht bereit sind, sich selbst einzugestehen, dass sie etwas falsch gemacht haben. Es ist ihr Job, die Verantwortung für ihr Handeln zu tragen. Dein Präsident ist der Kapitän eines schnell sinkenden Schiffes. Unglücklicherweise ist er nicht der Einzige, der mit dem Schiff untergeht – er reißt seine Mannschaft mit. Wenn du darüber nachdenkst, wirst du feststellen, dass der Kern bei den meisten Problemen derselbe ist», sagte der Minuten-Manager. «Nur die Namen, Daten und Orte ändern sich.»

«Was ist denn der Kern der meisten Probleme?», fragte der junge Mann.

Der Kern der meisten Probleme

ist eine Wahrheit,

der man nicht ins Auge sehen will.

Der Minuten-Manager fuhr fort. *«Jedes Problem, das du hast, gerät in dem Moment außer Kontrolle, wo du vermeidest, dich mit der Wahrheit auseinander zu setzen.»*

«Ich glaube, da hast du genau den wunden Punkt meines Präsidenten getroffen», sagte der junge Mann. «Als ich ihn kennen lernte, betrachtete ich ihn als ein Muster an Integrität – als jemanden, der immer die Wahrheit hören wollte. Aber mit zunehmendem Erfolg hat er begonnen, die Bodenhaftung zu verlieren. In letzter Zeit hat er sich selbst immer wichtiger genommen, und das hat es ihm schwer gemacht, die Wahrheit einzugestehen und das Richtige zu tun. Ich fürchte sogar, dass er den Blick dafür verloren hat, was überhaupt ‹das Richtige› ist.»

«Wenn Menschen versuchen, die Wahrheit auszublenden und so zu tun, als sei ‹nichts gewesen›, oder es sei ‹nicht ihre Schuld›, dann verweigern sie sich», bemerkte der Minuten-Manager. «Diejenigen, die eine solche Verteidigungshaltung einnehmen, haben die Bindung an die Wahrheit verloren. Sie können sich nicht entschuldigen, weil sie sich selbst einreden, dass sie gar nichts falsch gemacht haben. Sie können niemals zugeben, dass sie einen Fehler begangen haben.»

«Warum wollen die Menschen der Wahrheit nicht ins Auge sehen?», fragte der junge Mann verwundert.

«Weil ihnen nicht klar ist, dass die Wahrheit befreiend auf sie wirkt», erklärte der Minuten-Manager. *«Die Wahrheit duldet keinen Betrug. Die Dinge sind entweder wahr oder falsch. Die Wahrheit lässt nur wenig Spielraum für Ausflüchte, und für einige ist das ein sehr unangenehmes Gefühl – insbesondere, wenn man mit einer Lüge lebt.»*

Der junge Mann sprang sofort darauf an: «Das erklärt, warum mein Präsident sich so abschottet und für keinerlei Kritik zugänglich ist. Wenn in der letzten Zeit jemand versucht hat, ihm die Wahrheit zu sagen, hat er sozusagen den Überbringer der Nachricht erschossen. Das hat dazu geführt, dass ich anfing, jeden, der negative Informationen mitzuteilen hatte, von meinem Boss fern zu halten, einfach um zu verhindern, dass er ärgerlich wird und das dann an mir oder den anderen Mitarbeiterinnen und Mitarbeitern auslässt. Was du da sagst, macht mir zu schaffen. Ich würde gerne ein bisschen darüber nachdenken.»

«Das ist eine gute Idee, finde ich», sagte der Minuten-Manager. «Machen wir doch einfach Feierabend für heute.»

«Einverstanden. Sind wir jetzt fertig mit der Minuten-Entschuldigung?», erkundigte sich der junge Mann.

«Nein. Bislang haben wir nur über das große Ganze geredet. Die Minuten-Entschuldigung hat zwei wesentliche Elemente, die wir morgen besprechen werden:

Eine Minuten-Entschuldigung

beginnt mit Kapitulation

und

endet mit Integrität.

«Annie wird morgen früh hier ankommen. Mit ihr solltest du dich über das erste Element der Minuten-Entschuldigung unterhalten – *Kapitulation*. Sie kennt das Thema in- und auswendig. Wir haben vor, nach dem Frühstück mit dem Motorboot über den See zu fahren, um jemanden zu besuchen, der dich sehr vermisst hat: meine Mutter, Nana. Wir wollen in ihrem Garten Gemüse für das Abendessen ernten. Natürlich nur, wenn du Lust hast, uns Gesellschaft zu leisten. Nana weiß sehr gut über das zweite Element der Minuten-Entschuldigung Bescheid: *Integrität*. Später, am Nachmittag, können wir dann Golf spielen, wenn du magst.»

«Das klingt alles großartig – Nana wiederzusehen und Golf zu spielen, aber sollte ich mich nicht lieber darauf konzentrieren, das Problem zu lösen, das mir gerade auf den Nägeln brennt?», fragte der junge Mann unsicher.

Der Minuten-Manager gab zur Antwort: «*Ein ausgeglichenes Leben besteht nicht nur aus Arbeit – Spaß gehört auch dazu.* Wenn man in der Lage ist, sich auch dann für Dinge Zeit zu nehmen, die man gerne tut, wenn man mit Schwierigkeiten fertig werden muss, so zeigt das nur, dass man sein Leben im Griff hat.»

«Mein Vater hat mir gesagt, ich könnte mich immer darauf verlassen, dass du mich schon in die richtige Richtung lenken würdest», sagte der junge Mann und ging zu seinem Zimmer. «Mein Vater hatte Recht! Bis morgen früh!»

«Gute Nacht», erwiderte der Minuten-Manager.

KAPITULATION

Samstagmorgen erwachte der junge Mann um 7 Uhr, ging in die Küche und machte sich eine Tasse Kaffee. Vorsichtig darauf bedacht, niemanden zu wecken, nahm er sein Notizbuch und den Kaffee mit nach draußen. Er ging bis ans Ende des Bootsstegs, setzte sich und schlug sein Notizbuch auf, um seine Aufzeichnungen von gestern Abend durchzusehen.

Das Knirschen von Autoreifen auf der Schotterstraße hinter ihm riss ihn aus seinen Gedanken. Er blickte auf und sah, wie der Minuten-Manager, Carol und Brad die Fahrerin des Wagens begrüßten. Aus ihrer Freude schloss er, dass es Annie sein musste. Der junge Mann sprang auf und eilte die Treppe hinauf, zwei Stufen auf einmal nehmend.

Als er näher kam, rief Annie ihm zu: «Dad hat mir schon erzählt, dass du hier bist. Es ist toll, dich zu sehen!»

Sie umarmten sich, und der junge Mann sagte: «Mein Besuch hier hat mir schon mehr gebracht, als ich gehofft hatte. Komm, gib mir deine Tasche.»

«Hat jemand Hunger?», fragte Carol.

«Wir sind völlig ausgehungert», meinten alle.

Während des Frühstücks brachte der junge Mann die Unterhaltung wieder auf das Thema der Minuten-Entschuldigung. Er erklärte, wie wichtig es für ihn sei, eine Lösung für sein drückendes Problem zu finden. Der Minuten-Manager wandte sich an seine Tochter und fragte: «Annie, würde es dir etwas ausmachen, über *Kapitulation und das Eingeständnis von Fehlern* zu sprechen?»

«Überhaupt nicht – schließlich habe ich ja genug Übung darin», erwiderte sie.

Alle mussten lachen, während sie sich ein paar von Annies dreisten Teenager-Eskapaden in Erinnerung riefen.

Als die Neckerei abgeebbt war, begann Annie: «Die Kapitulation bei der Minuten-Entschuldigung besteht aus zwei wichtigen Schritten. Im ersten geht es um *dich selbst* und darum, damit klarzukommen, was *du* falsch gemacht hast. Der zweite besteht darin, dafür Sorge zu tragen, dass der Mensch oder die Menschen, denen du geschadet hast, spüren, dass dir tatsächlich *bewusst* ist, dass du einen Fehler begangen hast.»

«Kapitulieren heißt zunächst, den Anspruch aufzugeben Recht zu haben, und dann der Wahrheit und den eigenen Fehlern ins Auge zu sehen, indem man hundertprozentig ehrlich mit sich selbst ist. Ein Grundprinzip, das man im Kopf behalten sollte, lautet:

Eine Minute

Ehrlichkeit dir selbst gegenüber

ist wertvoller als

Tage, Monate oder Jahre des

Selbstbetrugs.

«Sich selbst zu belügen ist eine kostspielige Angewohnheit, die einem gar nichts einbringt», sagte Annie lächelnd.

«Selbstbetrug hat also einen hohen Preis», pflichtete der junge Mann ihr bei.

«Sobald du ehrlich zu dir selbst bist», fuhr Annie fort, «musst du auch die volle Verantwortung für dein Handeln und für den Schaden übernehmen, den du jemand anderem zugefügt hast. Das erfordert sowohl Demut als auch Mut. Dad sagt oft: Große Führungspersönlichkeiten rechnen es allen anderen als Verdienst an, wenn es gut läuft. Und wenn es schief geht, übernehmen sie die volle Verantwortung. Egoistische Führungspersönlichkeiten dagegen heimsen selbst die Lorbeeren ein, wenn es gut läuft, und geben allen anderen die Schuld, wenn es schief geht.»

Letzteres trifft auf das Verhalten meines Präsidenten gestern im Aufsichtsrat zu, dachte der junge Mann.

«Wenn du kapitulierst, löst du dich von der Geschichte, die du dir selbst eingeredet hast. Du begreifst, dass du dich bei denen, welchen du unrecht getan hast, entschuldigen musst, egal, was dabei herauskommt», sagte Annie.

«Wie sorgt man dafür, dass auch alle, denen man Schaden zugefügt hat, spüren, dass einem der Fehler bewusst geworden ist?»

«*Zuerst musst du es selbst spüren. Dann handelst du so schnell wie möglich.* Denk daran:

Je länger du
eine Entschuldigung hinauszögerst,
desto eher wird dir deine Schwäche
als böser Wille ausgelegt.

«Wir alle machen Fehler und sind nicht perfekt. *Was uns für andere boshaft erscheinen lassen kann, ist ihre Annahme, dass wir bei anderen Dingen möglicherweise ebenfalls lügen, wenn wir in einem Fall nicht ehrlich sind.*»

«Wenn das so ist, warum entschuldigen die Menschen sich dann nicht eher?», fragte der junge Mann.

Der Minuten-Manager erläuterte: «Manche Leute betrachten eine Entschuldigung eher als ein Zeichen von Schwäche anstatt von Stärke. Vielleicht war deshalb in den siebziger Jahren der Spruch ‹Liebe ist, sich niemals entschuldigen zu müssen› so beliebt. Viele Leute fanden, das sei ein wundervoller Satz. Dabei ist es doch so eine egoistische Aussage! Ich würde den Satz lieber umformulieren: ‹Liebe ist, immer aufrichtig um Entschuldigung bitten zu können.›»

«Warum wird eine Entschuldigung als Zeichen von Schwäche angesehen?», fragte sich der junge Mann laut.

«Alles hat damit zu tun, dass viele Leute das Bedürfnis haben, immerzu einen guten Eindruck zu machen und Recht zu haben», antwortete Annie.

«Das Problem mit dem Wunsch, immer Recht zu haben, besteht darin, dass dann normalerweise jemand anders Unrecht haben muss», ergänzte Brad.

«Genau», warf Annie ein. «Was für ein anstrengendes Leben – zu versuchen, immerzu Recht zu haben! Wenn die Leute das Bedürfnis, immer ‹das Richtige› zu tun, aufgeben würden und Entschuldigungen als angemessene Reaktion auf einen Fehler anerkannt wären, dann würden Ehrlichkeit und Aufrichtigkeit an die Stelle von ‹Vertuschungen› treten! Und für diejenigen, die sich verletzt fühlen oder denen Schaden zugefügt worden ist, könnten die Dinge wieder zurechtgerückt werden.»

«Ich verstehe», sagte der junge Mann. «Eine Entschuldigung

hat nicht nur mit mir oder dir zu tun, sondern auch mit der Person, der Unrecht geschehen ist.»

«Stimmt. Der nächste Schritt macht das sogar noch klarer. *Du musst ins Detail gehen*», sagte Annie, «*und den Menschen, denen du geschadet hast, genau sagen, wofür du um Entschuldigung bittest.*»

Brad lachte. «Als Annie und ich klein waren, waren wir richtige Experten dafür, ungenau im Hinblick darauf zu sein, was wir falsch gemacht hatten. Wenn Mom oder Dad uns erwischt hatten, wenn wir uns danebenbenommen hatten, sagten wir ‹Tut mir Leid, tut mir Leid, tut mir Leid›, bis wir schwarz wurden.»

«Hat es funktioniert?», fragte der junge Mann augenzwinkernd.

«Das haben sie *gedacht*», kicherte Carol.

Als das Gelächter abgeebbt war, fuhr Annie fort: «Nachdem du jemandem genau gesagt hast, was du falsch gemacht hast, besteht der letzte Schritt darin, ihn wissen zu lassen, was du dabei empfindest – Scham, Traurigkeit, Peinlichkeit. *Und dass du dich so schlecht fühlst, dass du dein Verhalten ändern wirst.* Dadurch wird deine Entschuldigung glaubwürdig, und du zeigst, dass du es ernst meinst.»

«Ohne über deine Gefühle zu sprechen und ohne dein Verhalten zu ändern», sagte der Minuten-Manager, «wird eine Entschuldigung mechanisch wirken – als ob du es nur pro forma tust, ohne wirklich mit dem Herzen bei der Sache zu sein.»

«Vielleicht ist das ja eine ‹Männersache›, aber meine Gefühle zu beschreiben gehört für mich zum Schwierigsten überhaupt, vor allem dann, wenn ich ein schlechtes Gewissen habe oder mir das, was ich getan habe, peinlich ist», gestand der junge Mann.

«Für niemanden ist es leicht, einen Fehler zuzugeben. Das

habe ich vor ein paar Minuten gemeint, als ich gesagt habe, es erfordert Mut *und* Demut.»

«Mein Verhalten zu ändern klingt auch einfacher, als es wahrscheinlich ist», sagte der junge Mann.

«Ja, und du musst es wirklich wollen. Wenn du etwas wirklich willst, dann wird dir die Selbstdisziplin leicht fallen», sagte der Minuten-Manager.

«Ich verstehe, was du meinst», sagte der junge Mann. «Ich will sichergehen, dass ich diesen Vorgang der Kapitulation richtig verstehe. Lasst mich einmal zusammenfassen, was ich bisher gelernt habe.» Anhand seiner Aufzeichnungen demonstrierte er ihnen, wie er die Funktion der Kapitulation für die Wirkung einer Minuten-Entschuldigung verstanden hatte:

Eine Minuten-Entschuldigung
beginnt mit Kapitulation

Du kapitulierst, indem du

- aufrichtig bist und dir eingestehst, dass du einen Fehler gemacht hast und ihn wieder gutmachen musst.

- für dein Handeln und für allen Schaden, den du anderen zugefügt hast, die volle Verantwortung übernimmst.

- dich mit der Entschuldigung beeilst – du handelst so schnell wie möglich.

- jedem, dem du geschadet hast, genau sagst, was du falsch gemacht hast, wie du nun einsiehst – du gehst dabei sehr ins Detail.

- diejenigen, denen du Schaden zugefügt hast, wissen lässt, wie schlecht du dich fühlst angesichts dessen, was du getan hast – so sehr, dass du dein Verhalten änderst und es nicht wieder tun wirst.

INTEGRITÄT

«Du lernst schnell», sagte der Minuten-Manager. «Zur Belohnung gibt es heute Nachmittag eine besondere Partie Golf!»

Nach dem Frühstück erklärte Carol, sie wolle ihr Buch zu Ende lesen. Alle anderen liefen zum Boot, um über den See zu Nana zu fahren und Gemüse zu ernten.

Nachdem sie angelegt hatten, gingen sie einen mit Steinen gepflasterten Pfad zum Haus hinauf. Eine Frau in einem Overall, die einen Gärtnerhut mit breiter Krempe und Arbeitshandschuhe mit Blumenmuster trug, kam hinter dem Mais hervor. Es war Nana.

Zu ihrer Rechten lag ein blühender Gemüsegarten voller Mais, Zucchini, Bohnen, Karotten, Gurken, verschiedener Salate und Auberginen. «Ich habe dieses Jahr phantastisches Gemüse. Seid ihr gekommen, um ein bisschen was fürs Abendessen zu holen?»

«So ist es», sagte der Minuten-Manager. «Und wir haben für alle Fälle sogar noch ein zusätzliches Paar Hände dabei. Erinnerst du dich an den Sohn von Bill und Betty?»

«Ich freue mich so, dass du wieder bei uns bist. Wir haben dich vermisst», sagte Nana, und ihr Lächeln kam von Herzen.

«Vielen Dank, Nana», antwortete der junge Mann. «Was für ein wundervoller Garten! Ich habe noch nie so großes Gemüse gesehen! Du hast wirklich den grünen Daumen!»

«Ich säe nur den Samen aus, das ist alles. Die Natur verzeiht mir alle Fehler, die ich möglicherweise mache.»

«Wir haben uns viel über Fehler unterhalten», erklärte ihr

der junge Mann, «und darüber, dass man sich dafür entschuldigen muss.»

«Du bist also dabei, etwas über die Minuten-Entschuldigung zu lernen?»

«In der Tat», sagte der junge Mann. «Ich habe etwas über Kapitulation gelernt, und jetzt versuche ich, etwas über *Integrität* zu erfahren, die auch zur Minuten-Entschuldigung gehört. Dein Sohn sagt, du wüsstest darüber gut Bescheid.»

Nana lächelte und sagte: «Das ist nett von ihm. Mein Mann – der Großvater von Annie und Brad – pflegte zu sagen: ‹Wenn es hart auf hart kommt, dann ist das Wichtigste, was wir haben, unsere Integrität.›»

«Ich stimme dir vollkommen zu, aber ich habe eine Frage. Gibt es einen Unterschied zwischen Ehrlichkeit und Integrität?», wollte der junge Mann wissen.

«Ja», sagte Nana und fügte hinzu:

Ehrlichkeit bedeutet,

sich selbst und anderen

die Wahrheit zu sagen.

Integrität bedeutet,

mit dieser Wahrheit zu leben.

«Wenn man kapituliert, beweist man also seine Ehrlichkeit», überlegte der junge Mann, «und Integrität hat damit zu tun, den Worten dann auch Taten folgen zu lassen.»

«Gut gesagt», antwortete Nana. «Integrität bedeutet Beständigkeit. Sie bedeutet, genau so zu sein, wie man sein will, egal in welcher Situation. Dazu gehört auch, Fehler zu korrigieren.»

«Wie kann man herausfinden, wie man sein will?», fragte der junge Mann.

«Du könntest mal versuchen, deinen eigenen Nachruf zu schreiben», warf der Minuten-Manager lächelnd ein. «Ich habe das übrigens für mich selbst gemacht.»

«Entschuldige bitte, aber das klingt ein bisschen makaber», protestierte der junge Mann. «Warum sollte man so etwas tun?»

Der Minuten-Manager lachte und sagte: «Ich bin neugierig darauf geworden, meinen eigenen Nachruf zu schreiben, nachdem ich eine Geschichte über Alfred Nobel gehört hatte.»

«Den mit dem Friedensnobelpreis?»

«Ja», sagte der Minuten-Manager. «Das ist interessant: Obwohl der Nobelpreis auch für Physik, Wirtschaftswissenschaft, Literatur, Medizin und Chemie verliehen wird, ist Nobel doch vor allem wegen des Friedenspreises bekannt. Und dabei ist sein Name keineswegs immer mit Frieden verbunden gewesen. Du erinnerst dich vielleicht aus dem Geschichtsunterricht, dass Alfred Nobel auch mit der Erfindung des Dynamits zu tun hatte.»

«Jetzt, wo du es erwähnst, erinnere ich mich», sagte der junge Mann.

«Gut», fuhr der Minuten-Manager fort. «Als Nobels Bruder gestorben war, las Alfred eine Stockholmer Zeitung und bemerkte, dass sie die beiden Brüder miteinander verwechselt hatte. So hatte Alfred Nobel das außergewöhnliche Erlebnis, beim Frühstück seinen eigenen Nachruf zu lesen. Kannst du dir vorstellen, wie er sich dabei gefühlt hat?»

«Handelte sein Nachruf hauptsächlich von seiner Bedeutung für die Erfindung des Dynamits?», fragte der junge Mann.

«So war es», sagte der Minuten-Manager. «Nobel war entsetzt, als ihm klar wurde, dass man sich nur im Zusammenhang von Zerstörung an ihn erinnern würde. Daraufhin veränderte er sein Leben, damit die Nachwelt ihn vor allem wegen seiner Verdienste um den Weltfrieden in Erinnerung behalten würde. Das wurde zu seinem wichtigsten Lebensziel. Deine Vorstellung davon, wie andere jetzt oder in Zukunft von dir denken mögen, beeinflusst deine Bereitschaft, dich zu entschuldigen.»

«Du willst also sagen», meinte der junge Mann, «eine Minuten-Entschuldigung ist außer dem Versuch, einen Fehler zu korrigieren, zugleich auch eine Methode, dein Verhalten mit deinem Selbstbild in Einklang zu bringen?»

«Ja, so kann man es sich vorstellen», sagte der Minuten-Manager. «Eines meiner liebsten Sprichwörter lautet:

Das Vermächtnis,

das du hinterlässt,

ist das Leben,

das du lebst.

«Niemand von uns ist vollkommen», sagte Nana. «Also tun wir alle manchmal Dinge, die nicht zu dem Vermächtnis passen, das wir hinterlassen möchten. Deine Integrität bemisst sich daran, wie schnell du Fehler korrigierst und auf den richtigen Weg zurückfindest.»

«Wenn man anderen Menschen Gutes tut, indem man die Fehler korrigiert, die man im Umgang mit ihnen gemacht hat, dann hat man hinterher bestimmt ein gutes Gefühl», vermutete der junge Mann.

«Auf jeden Fall», bestätigte Nana. «Du musst dir deinen Wert und deine guten Vorsätze selbst immer aufs Neue vor Augen führen. Du selbst bist vollkommen in Ordnung, es ist dein Verhalten, das dich manchmal ins Straucheln bringt. *Ärgere dich niemals über dich selbst – nur über dein Verhalten.*»

«Da triffst du bei mir den Nagel auf den Kopf. Wenn mein Verhalten nicht dem entspricht, wie ich gerne sein will, kann ich nachts nicht gut schlafen, so lange, bis ich meinen Fehler ausgebügelt habe», bemerkte der junge Mann.

«Genau wie Abraham Lincoln», ergänzte Nana.

«Abraham Lincoln?», fragte der junge Mann zurück.

«Er ist einer meiner Helden», sagte Nana lächelnd. «Carl Sandburg hat in einem seiner Bücher über einen Fauxpas Lincolns geschrieben, und ab und zu lese ich diese Stelle noch einmal, um mir ins Gedächtnis zu rufen, dass *jeder* Fehler macht. Lass uns doch eine Pause von der Gartenarbeit machen, damit ich dir die Geschichte zeigen kann.»

Nana ging auf das Haus zu und bedeutete dem jungen Mann, ihr zu folgen. Als sie die Veranda erreicht hatten, bat Nana den jungen Mann, Platz zu nehmen, während sie das Buch holte.

Als sie zurückkam, schlug sie die mit einem Lesezeichen markierte Stelle auf und reichte dem jungen Mann das Buch.

«Diese Geschichte zeigt, wie Herausforderungen das Selbstbild einer Führungspersönlichkeit auf die Probe stellen können.» Der junge Mann begann zu lesen:

Bei Abraham Lincoln sprach während des Bürgerkriegs eines Tages Colonel Scott vor, einer der Kommandanten der Truppen, die das Capitol vor dem Angriff der Konföderierten schützen sollten, die im Norden Virginias standen.

Scotts Ehefrau war bei einem Schiffsunglück in der Chesapeake-Bucht ertrunken, auf dem Rückweg von einer Reise nach Washington, wo sie ihren kranken Mann gepflegt hatte.

Scott hatte beim Regimentskommando Urlaub beantragt, um an ihrer Beerdigung teilnehmen und seinen Kindern Trost zusprechen zu können. Sein Antrag war abgelehnt worden. Eine Schlacht schien unmittelbar bevorzustehen, und jeder Offizier wurde dringend gebraucht.

Wie es sein gutes Recht war, hatte Scott sein Anliegen indessen auf dem Dienstweg von einer Instanz zur nächsten weiterverfolgt, bis es schließlich beim Kriegsminister, Edwin Stanton, gelandet war. Da auch Stanton seinen Antrag abgelehnt hatte, war der Colonel mit seiner Bitte bis ganz nach oben gegangen.

An einem späten Samstagabend kam Scott zu seinem Oberbefehlshaber in den Diensträumen des Präsidenten. Er war der letzte Besucher, der vorgelassen wurde. Lincoln hörte sich die Geschichte an, und als Scott seine Bitte wiederholte, ging der Präsident in die Luft: «Gönnt man mir denn überhaupt keine Ruhe? Gibt es denn keinen Ort und keine Stunde, wo ich vor diesen ständigen Forderungen sicher bin? Warum verfolgen Sie mich mit so einer Angelegenheit bis hierher? Warum wenden Sie sich nicht ans Kriegsministerium? Da sind sie für Papierkram und Transportfragen zuständig.»

Scott berichtete Lincoln von der Ablehnung Stantons, und der Präsident entgegnete: «Dann sollten Sie eben einfach nicht den Fluss hinabreisen. Mr. Stanton kennt das Gebot der Stunde. Er weiß, welche Regeln jetzt notwendig sind, und die Regeln müssen durchgesetzt werden.

Es wäre falsch von mir, mich über seine Anordnungen hinwegzusetzen, das könnte verheerende Auswirkungen auf unseren Truppenbestand haben. Außerdem sollten Sie bedenken, dass ich ganz andere Pflichten habe – der Himmel weiß, genug für einen einzelnen Mann –, da kann ich mich nicht auch noch mit solchen Fragen abgeben. Warum kommen Sie her und appellieren an meine Menschlichkeit?

Ist Ihnen nicht klar, dass wir mitten im Krieg sind? Dass Leid und Tod uns alle bedrücken? Dass Menschlichkeit und Nächstenliebe, die wir in Friedenszeiten freudig praktizieren, im Krieg mit Füßen getreten werden und überhaupt nichts gelten? Dass jetzt einfach kein Platz dafür ist? Jetzt gibt es nur eine einzige Pflicht: Kämpfen!

Jede Familie im Land ist von Sorgen geplagt, aber sie dürfen mich nicht alle um Hilfe bitten. Ich habe mir schon alles aufgebürdet, was ich nur tragen kann. Wenden Sie sich ans Kriegsministerium. Das ist der Ort für Ihr Anliegen.

Wenn sie Ihnen dort nicht weiterhelfen können, dann tragen Sie ihr Kreuz, wie wir alle es tun müssen, bis der Krieg vorüber ist. Alles muss der obersten Aufgabe untergeordnet werden: diesen Krieg zu beenden.» Voller dunkler Gedanken kehrte Colonel Scott in seine Kaserne zurück.

Als der junge Mann mit Lesen fertig war, blickte er auf und fragte: «Ist das eine wahre Geschichte?»

Nana nickte. «Ja.»

«Das klingt einfach nicht nach dem Lincoln, über den ich in der Schule gelesen habe», erklärte der junge Mann. «Sein Verhalten überrascht mich. Damit meine ich gar nicht einmal seine Entscheidung, Scott den Urlaub zu verweigern. Unter den Umständen war das vielleicht sogar richtig. Aber ich habe mir Lincoln immer selbstlos, fürsorglich und mitfühlend vorgestellt, darum bin ich doch ein wenig schockiert, wie er Scott behandelt hat.»

«Also ist dein Bild von Lincoln ein wenig erschüttert worden», kommentierte Nana.

«Das kann man wohl sagen», antwortete der junge Mann. «Er hat überhaupt kein Mitleid angesichts des plötzlichen Todes von Scotts Frau gezeigt.»

Der junge Mann las noch einmal:

> Gönnt man mir denn überhaupt keine Ruhe? Gibt es denn keinen Ort und keine Stunde, wo ich vor diesen ständigen Forderungen sicher bin? Warum verfolgen Sie mich mit so einer Angelegenheit bis hierher? ... Außerdem sollten Sie bedenken, dass ich ganz andere Pflichten habe – der Himmel weiß, genug für einen einzelnen Mann ... Ich habe mir schon alles aufgebürdet, was ich nur tragen kann.

«Was meinst du – was könnte Lincoln dazu veranlasst haben, sich so zu verhalten?», fragte Nana.

«Na ja, die Bürde des Krieges lastete auf ihm, all das Leid und die Toten. Auch war es am Ende des Tages, und er muss erschöpft gewesen sein. Ich glaube, ich kann verstehen, warum Lincoln sich so verhalten hat.»

«Schon möglich», sagte Nana. «Aber es gibt einen großen Unterschied zwischen einer Erklärung dafür, warum etwas geschehen ist, und einer Ausrede. Eine Erklärung sucht nach Gründen dafür, warum etwas passiert ist, während eine Ausrede zu vertuschen versucht, wer daran Schuld hat, und einen Grund sucht, um die Verantwortung dafür von sich weisen zu können. *Man kann immer eine Ausrede für sein eigenes Fehlverhalten finden, wenn man sich selbst belügt.*»

«Da hast du Recht», räumte der junge Mann ein. «Aber dennoch klingt das nicht nach Lincoln.»

«Glaubst du, Lincoln hätte diese Geschichte gerne in seinem Nachruf stehen gehabt?»

«Ich bezweifle es», sagte der junge Mann lächelnd. «Ich glaube nicht, dass sie zu seinem Selbstbild gepasst hätte.»

«Dann blättere doch die Seite um und lies die nächsten Absätze», schlug Nana vor.

Das tat der junge Mann.

Am nächsten Morgen hörte Colonel Scott in aller Frühe ein Klopfen an der Tür. Er öffnete, und vor ihm stand der Präsident. Er nahm Scotts Hände, hielt sie fest, und es brach aus ihm hervor: *«Mein lieber Colonel, ich war ein Scheusal gestern Abend. Ich habe keine Ausrede für mein Verhalten. Ich war todmüde, aber ich hatte kein Recht dazu, einen Mann, der für sein Land sein Leben aufs Spiel gesetzt hat, und noch dazu einen Mann mit so großem Kummer, derartig grob zu behandeln. Ich habe es die ganze Nacht lang bereut und komme nun zu Ihnen, um Sie um Verzeihung zu bitten.»*

Er fügte hinzu, dass er mit Stanton gesprochen habe, damit Scott zur Beerdigung seiner Frau reisen könnte. In seiner eigenen Kutsche fuhr der Oberkommandierende den Colonel zum Dampfer-Anleger am Potomac und wünschte ihm eine gute Reise.

«Was für eine wundervolle Minuten-Entschuldigung», fand der junge Mann. «Und das nicht nur wegen seiner Worte. Lincolns Verhalten macht die Entschuldigung so eindrucksvoll.»

«Ich habe mir gedacht, dass dir das gefallen würde», stimmte Nana zu.

«Lincoln war bereit, zu kapitulieren und sich einzugestehen, dass er etwas falsch gemacht hatte», sagte der junge Mann. «Er hat die volle Verantwortung für sein Handeln übernommen und klar erkannt, dass er sich bei dem Menschen, den er verletzt hatte, entschuldigen musste.»

«Er hat außerdem so schnell wie möglich reagiert – *am nächsten Morgen ... in aller Frühe*», ergänzte Nana. «Er ist ins Detail gegangen – *‹Ich war ein Scheusal gestern Abend ... ich hatte kein Recht dazu, einen Mann, der sein Leben für sein Land aufs Spiel gesetzt hat, und noch dazu einen Mann mit so großem Kummer, derartig grob zu behandeln ...›*, und er hat gezeigt, wie er sich angesichts dessen, was er getan hat, gefühlt hat – *‹Ich habe es die ganze Nacht lang bereut.›*»

«Das klingt, als wüsstest du die ganze Passage auswendig», bemerkte der junge Mann.

«Ich habe dir doch gesagt, dass ich ein Lincoln-Fan bin», sagte Nana lächelnd. «Abgesehen davon, dass das ein großartiges Beispiel dafür ist, was mein Sohn bei der Minuten-Entschuldigung mit Kapitulation meint, hat Lincoln dabei auch seine Integrität unter Beweis gestellt.»

«Inwiefern?»

«Er hat Scott nicht rufen lassen, sondern ist selbst zu Scotts Quartier gegangen. Am Abend zuvor hatte er darauf bestanden, dass Scott den Dienstweg einhielt, aber im Lichte des Tages scherte Lincoln sich überhaupt nicht um die Hierarchie. In gewisser Weise hat er dadurch gesagt: ‹Wie ich dich gestern behandelt habe, war falsch – ich bin überhaupt nicht stolz auf diesen Mann. Der Mann, den du gestern Abend kennen gelernt hast, hat in Wirklichkeit überhaupt nichts mit mir zu tun.›»

«So etwas zuzugeben würde vielen Menschen schwer fallen», sagte der junge Mann.

«Das stimmt», pflichtete Nana ihm bei und fügte hinzu: «Wenn wir einen Fehler machen, greift das manchmal unser Selbstbild oder unseren Stolz zu sehr an, um den Fehler einsehen und uns selbst verzeihen zu können. Das Fehlverhalten erscheint uns dann als eine so große Schuld, dass wir nicht darüber hinwegkommen können.»

«Uns *selbst* verzeihen? Was meinst du damit?»

«Wenn den Menschen klar wird, was für einen schlimmen Schaden sie angerichtet haben, sind sie oft nicht in der Lage, sich selbst zu vergeben. Sie fühlen sich schrecklich angesichts dessen, was sie getan haben, weil sie jemand anderen verletzt oder enttäuscht haben», erklärte Nana. «Sich selbst zu verzeihen klingt einfach. Aber es ist nicht immer leicht, es zu tun», fügte sie hinzu.

«Was ist denn so schwer daran?», wollte der junge Mann wissen.

Nana antwortete: «Du musst dabei mit zwei Dingen fertig werden: zum einen damit, dass du jemand anderem unrecht getan hast und das wieder richtig stellen musst. Und zum anderen damit, dass du etwas getan hast, was deinem Selbstbild widerspricht, das nicht mit dem übereinstimmt, wie du sein willst oder wie du möchtest, dass andere von dir denken. Du fragst dich: *Was habe ich da bloß getan?* Und: *Warum habe ich das gemacht? War es eine mutwillige, impulsive, gedankenlose Handlung? War es aus*

Ärger? War es aus Berechnung? Wird daraus eine Gewohnheit? Bin ich wirklich besser als mein rücksichtsloses Verhalten?»

«Ich nehme an, Lincoln hat sich solche Fragen gestellt, als er die ganze Nacht lang reumütig wach lag», sagte der junge Mann.

«Ganz bestimmt», sagte Nana. «Er muss sich in Erinnerung gerufen haben, wer er wirklich ist, und sich dann vorgenommen haben, wieder zu diesem Menschen zu werden. Daher sein morgendlicher Besuch in Scotts Unterkunft.»

«Glaubst du, dass Lincoln seine Entscheidung, Scott nicht zur Beerdigung seiner Frau reisen zu lassen, aus Schuldgefühl zurückgenommen hat?», fragte der junge Mann.

«Nein, ich glaube, Lincoln hat eingesehen, dass er sich geirrt hatte», meinte Nana. «Lincoln war klar, wie sehr er Scott verletzt hatte, und er hat sich entschieden, persönlich Wiedergutmachung zu leisten.»

«Wiedergutmachung zeigt, dass man aufrichtig und ernsthaft versucht, verloren gegangenes Vertrauen zurückzugewinnen», sagte der junge Mann.

«Aber man leistet nur dann wirklich Wiedergutmachung, wenn man sein Verhalten ändert und das, was man angerichtet hat, wettmacht», erklärte Nana. *«Und das in einer Weise, die der andere auch würdigen kann.»*

Der junge Mann fragte: «So wie Lincoln, als er Scott in seiner eigenen Kutsche zum Anleger gebracht hat?»

«Ja», sagte Nana. «Machst du nicht auch eher Geschäfte mit jemandem, der dein Wohlwollen wiederzugewinnen versucht, indem er Wiedergutmachung leistet?»

«Das stimmt», antwortete der junge Mann. «Neulich hat eine Fluggesellschaft meine Reservierung verloren. Ich war sehr ärgerlich und sagte das auch der Ticketverkäuferin. Nachdem sie zugegeben hatten, dass es ein Computerfehler war und sich für die Unannehmlichkeiten, die ich dadurch hatte, entschuldigt hatte, sagte sie: ‹Das sieht unserer Firma überhaupt nicht ähnlich. Ich habe gleich einen Vermerk im Computersystem gemacht, um sicherzugehen, dass das nicht wieder vorkommt. Aber kann ich vielleicht jetzt gleich schon irgendetwas tun, um Ihre Treue zurückzugewinnen?›

Ich war beeindruckt und sagte ihr: ‹Das haben Sie bereits, indem Sie mir zugehört haben, indem Sie eingestanden haben, dass der Fehler bei der Fluggesellschaft lag und mich gefragt haben, wie Sie es sofort wieder gutmachen könnten.›»

«Ihre Frage, wie sie dich entschädigen könnte», führte Nana den Gedanken fort, «macht deutlich, wie ernst sie es damit meinte, verlorenes Vertrauen zurückzugewinnen. Die meisten Menschen akzeptieren eine aufrichtige Entschuldigung und sind dann genau wie du bereit, den Vorfall auf sich beruhen zu lassen. Aber *eine Minuten-Entschuldigung ist nicht vollständig ohne den ernst gemeinten Versuch, die Dinge zu richten.»*

Es reicht nicht aus,

einfach «Tut mir Leid» zu sagen,

ohne dein Verhalten

zu ändern

«Aber was reicht denn dann eigentlich aus?», wollte der junge Mann wissen.

Nana erwiderte: «Die einzige Möglichkeit, unter Beweis zu stellen, dass es dir wirklich Leid tut, besteht darin, dein Verhalten zu ändern. Dadurch weiß die Person, der du geschadet hast, dass du dir vorgenommen hast, das Geschehene nicht noch einmal vorkommen zu lassen.»

«Ist das der Grund, warum die Leute es oft kurzerhand abtun, wenn jemand nur ‹Tut mir Leid› sagt?», fragte der junge Mann.

«Ja. Wenn du immer wieder unzuverlässig bist und immer wieder ‹Tut mir Leid› sagst, wird dich niemand ernst nehmen», antwortete Nana.

Der junge Mann nickte, als ihm die Tragweite dieser Bemerkung bewusst wurde.

«Gut. Jetzt wollen wir mal sehen, wie es unseren Gärtnern geht», sagte Nana. Sie erhob sich aus ihrem Liegestuhl und ging den Weg hinunter. Der junge Mann machte sich ein paar Notizen und folgte ihr.

Als sie im Gemüsegarten ankamen, fragte der Minuten-Manager, der inzwischen schon einen ganzen Korb mit Bohnen und Karotten gefüllt hatte: «Nun, kennst du jetzt die Bedeutung der Integrität bei der Minuten-Entschuldigung?»

«Oh ja», antwortete ihm der junge Mann. «Lass mich doch mal meine Notizen mit dir durchgehen:

Eine Minuten-Entschuldigung
endet mit Integrität

Du bist integer, wenn du

- anerkennst, dass deine Tat oder deine Unterlassung ein Fehler war und nicht zu dem Menschen passt, der du sein willst.

- dir bestätigst, dass du besser bist als dein Fehlverhalten, und dir verzeihst.

- anerkennst, wie sehr du andere verletzt hast und den Schaden, den du angerichtet hast, wettmachst.

- dir selbst und anderen versprichst, so etwas nicht noch einmal zu tun, und diesen Vorsatz deutlich erkennbar machst, indem du dein Verhalten änderst.

«Gute Arbeit», lobte der Minuten-Manager.

Der junge Mann wandte sich Nana zu und sagte: «Vielen Dank, dass du mir beigebracht hast, was Integrität bedeutet. Besonders die wundervolle Lincoln-Geschichte hat mir sehr gefallen. Ich kenne da jemanden, den ich gerne daran teilhaben lassen möchte.»

«Wie schön, dass sie dir so viel sagt», erklärte Nana. Dann lächelte sie. «Ihr solltet allmählich zurückfahren. Carol braucht das Gemüse fürs Abendessen.»

Alle umarmten sie zum Abschied, luden das Gemüse ins Boot und machten sich auf den Weg zurück über den See.

«Bis zum Abendessen, Nana», sagte Brad, als das Boot ablegte.

«Danke für eure Hilfe», sagte Nana und winkte.

N.E.O.

Nachdem sie ausgeladen und Nanas Gemüse geputzt hatten, fuhren der Minuten-Manager und der junge Mann zum Golf- platz. Auf dem Weg zum ersten Abschlag aßen sie noch rasch ein Sandwich. Der Minuten-Manager wandte sich dem jungen Mann zu und sagte: «Da du schon länger nicht mehr Golf ge- spielt hast – wie wär's mit einer Partie N.E.O.-Golf, statt um die Wette zu spielen?»

«N.E.O.-Golf?»

«Ja. N.E.O. steht für *Nicht Ergebnis-orientiert.* Die meisten Leute konzentrieren sich beim Golf ausschließlich auf ihr Er- gebnis und darauf, wie sie im Vergleich zu anderen abschneiden. Ihr Ergebnis wird in ihren Augen zu dem, was sie sind. Ich würde gerne sehen, wie gut du mit dem Ball umgehst, wenn du dich auf das Spiel anstatt auf das Ergebnis konzentrierst.»

«Das klingt, als würde es Spaß machen», sagte der junge Mann. «Aber wie ich dich kenne, wird das hier nicht nur eine Golfstunde.»

«Stimmt», sagte der Minuten-Manager lächelnd. «N.E.O. gilt auch für die Minuten-Entschuldigung. *Deine Entschuldigung sollte sich nicht nach dem Ergebnis richten oder nach der Antwort, die du dar- auf bekommst – ob die Leute dir verzeihen oder nicht.* Denk daran:

Entschuldige dich

nicht wegen des Ergebnisses,

sondern weil du weißt,

dass du einen Fehler gemacht hast

und eine Entschuldigung

angebracht ist.

Als sie ihre Partie Golf beendet hatten und nach Hause kamen, waren die Vorbereitungen für das Abendessen bereits im Gange. Carol gab dem jungen Mann einen Beutel Mais zum Schälen und fragte: «Wer hat denn gewonnen?»

«Wir beide», antwortete der junge Mann.

«Oh, ihr habt N.E.O.-Golf gespielt?»

«So ist es. Es ist erstaunlich, was man schaffen kann, wenn man sich keine Sorgen über seine Leistung, das Ergebnis oder über die Meinung anderer macht. Ich habe lange nicht mehr so viel Spaß beim Golf gehabt. Das N.E.O.-Prinzip kann außerdem praktisch auf alles und jedes angewandt werden.»

«Allerdings», sagte Carol mit einem wissenden Lächeln. «Mein Mann hat schon eine einzigartige Methode, seine Einsichten zu vermitteln, nicht wahr? Hast du darüber nachgedacht, wie und wo du dieses Prinzip anwenden kannst?»

«Ja. N.E.O. hilft mir schon jetzt dabei, mich mehr auf das zu konzentrieren, was ich hier bei euch tue, anstatt mir darüber Sorgen zu machen, was nächste Woche in der Firma passieren könnte.»

«Ich bin fest davon überzeugt, dass du bis zu deiner Abreise alles weißt, was du benötigst», sagte Carol.

ENTSCHULDIGUNGEN
ZU HAUSE
UND AM ARBEITSPLATZ

Gerade als die Vorbereitungen fürs Abendessen beendet waren, traf Nana ein. Sie hatte einen großen Umschlag dabei, gab ihn dem jungen Mann und sagte: «Du hast gesagt, dass dir die Lincoln-Geschichte so gut gefallen hat. Ich habe sie für dich fotokopieren lassen.»

«Wie aufmerksam von dir!», sagte er, als er den Umschlag öffnete. «Du glaubst ja gar nicht, wie wichtig mir das ist.» Dann sagte er, zum Minuten-Manager gewandt: «Ich würde sie gerne jemanden mitteilen. Dürfte ich einmal dein Faxgerät benutzen? Ich möchte das hier an meinen Präsidenten schicken.»

«Nur zu», ermunterte ihn der Minuten-Manager.

Als der junge Mann zu den anderen zurückkam, klingelte es an der Tür. Carol öffnete und stellte allen ihre neuen Nachbarn Gayle und Don vor.

Das Gespräch drehte sich zunächst darum, wie es kam, dass sie alle an diesem Wochenende am See waren. Als der junge Mann an der Reihe war, erzählte er, dass er eigentlich hergekommen war, um den Rat des Minuten-Managers wegen eines Problems auf der Arbeit zu suchen. Aber stattdessen habe er ein bedeutsames Geheimnis kennen gelernt, von dem er wüsste, dass es sein Leben verändern würde. Die Neugier der Nachbarn war sofort geweckt.

Der junge Mann erzählte Gayle und Don also, was er über die Minuten-Entschuldigung gelernt hatte.

«Entschuldigungen sind ein interessantes Thema», sagte Don nachdenklich. «Ich würde wetten, die meisten Leute – mich selbst eingeschlossen – wissen gar nicht genau, wie sie sich richtig entschuldigen, und vermeiden es deshalb. Dabei ist es doch so, dass eine an sich kleine und unbedeutende Angelegenheit völlig außer Kontrolle geraten kann, wenn die Leute nicht den Mumm dazu haben zuzugeben, dass sie etwas falsch gemacht haben. Manche Fälle dieser Art haben sogar Nachrichtenwert.»

«Die Leute scheinen nicht zu wissen, wie oder wann sie sich entschuldigen sollen», bemerkte Carol, «und dann murmeln sie einfach irgendwann ‹Tschuldigung› oder ‹Tut mir Leid›. Das ist eine leere Geste, die beim anderen Menschen überhaupt nichts bewirkt.»

«Das ist mir einmal in der Schule passiert», warf Brad ein. «Ich habe versucht, mich bei meiner Biologielehrerin zu entschuldigen. Ich erinnere mich noch heute an ihren Gesichtsausdruck – als ob sie sagen wollte: ‹Ich glaube dir kein Wort!›»

«Wie bist du damit umgegangen?», fragte Annie.

«Ich musste sie davon überzeugen, dass ich es ernst meinte. Nach dem Unterricht ging ich zu ihr und sagte, dass ich ein schlechtes Gewissen hatte, weil ich die Hamster freigelassen hatte. Dann habe ich ihr angeboten, neue zu besorgen, und außerdem könnte ich bleiben und ihr beim Korrigieren helfen. Ihre Miene zeigte mir, dass sie immer noch an der Ernsthaftigkeit meiner Reue zweifelte, und sie sagte, sie brauche meine Hilfe nicht.

Ich sah aus dem Fenster auf den Parkplatz, und mein Blick fiel auf ihr Auto. Es war dreckig. Ich fragte sie, ob ich ihr Auto waschen könnte. Sie wirkte überrascht. Ich merkte, dass sie mir auch dabei nicht recht trauen wollte.

Ich nahm mir Zeit, sie davon zu überzeugen, dass ich irgendetwas Besonderes für sie tun wollte. Ich glaube, ich gewann am Ende ihre Achtung zurück, als ich es wirklich durchzog und das ganze Halbjahr lang einmal im Monat ihr Auto gewaschen habe.»

«Woher wusstest du, dass sie dich wieder achtete?», fragte Annie.

«Ich konnte es in ihren Augen erkennen und an der Art und Weise, wie sie wieder mit mir redete.»

«Das ist ein gutes Beispiel, Brad», sagte Don. «Vielleicht können Sie mir einen Rat geben. Ich habe gerade herausgefunden, dass ein alter Freund böse auf mich ist, weil er glaubt, ich hätte mich ihm gegenüber moralisch ins Unrecht gesetzt. Er hat nie etwas davon zu mir gesagt. Aber inzwischen weiß ich, warum er den Kontakt zu mir abgebrochen hat. Was soll ich machen? Soll ich mich bei ihm entschuldigen, obwohl ich gar nicht das Gefühl habe, irgendetwas falsch gemacht zu haben?»

«Nein, nicht wenn Sie nichts falsch gemacht haben, weder absichtlich noch aus Versehen», antwortete Brad. «Ich glaube nicht, dass in diesem Falle eine Minuten-Entschuldigung angebracht wäre.»

«Du hast Recht, Brad. *Entschuldige dich niemals nur, um jemanden zu besänftigen*», ergänzte der Minuten-Manager. «Denn dann bist du unehrlich zu dir selbst. Haben Sie auch wirklich ehrlich geprüft, ob Sie nicht vielleicht einen Fehler gemacht haben, den Sie nur nicht wahr haben wollen?

Gibt es unterschiedliche Ansichten darüber, ob eine Entschuldigung nötig ist, dann ist das eigentliche Thema Konfliktbewältigung. Wenn Sie die Beziehung wieder in Ordnung bringen wollen, brauchen Sie einen neutralen Vermittler, der beide Seiten anhört und ihnen hilft, zu einer einvernehmlichen Lösung zu kommen», fuhr der Minuten-Manager fort.

Gayle schaltete sich in das Gespräch ein und sagte: «Ich bin Personalchefin in meiner Firma. Die Minuten-Entschuldigung könnte bei Problemen in meinem Arbeitsbereich sehr nützlich sein. Was würden Sie tun, wenn eine Person, mit der Sie zusammenarbeiten, schwört, dass Sie ihr unrecht getan haben, während Sie sich beim besten Willen nicht daran erinnern können?»

Der Minuten-Manager antwortete: «Hören Sie der anderen Person erst einmal zu. Fragen Sie nach und seien Sie bereit einzusehen, dass Sie *tatsächlich* einen Fehler gemacht haben, selbst wenn Sie es damals nicht bemerkt haben. Dann können Sie Ihrem Gegenüber *Ihre* Sicht der Dinge darlegen – Sie würden niemandem absichtlich schaden, aber es täte Ihnen Leid, zu sehen, dass er oder sie Kummer hat.»

Dann fügte er hinzu: «*Dass Sie sich nicht an den Vorfall erinnern, bedeutet noch lange nicht, dass Sie keinen Schaden angerichtet haben.*

Vielleicht haben Sie den Vorfall für unbedeutend gehalten oder waren zu beschäftigt oder unachtsam und haben darum nicht bedacht, welche Auswirkungen Ihr Handeln auf diese Person hatte. Die Worte eines Menschen einfach abzutun – seine Meinung, seine Ideen zu missachten –, kann für diesen Menschen schmerzhaft sein. Er hat das Gefühl, als würde *er selbst* missachtet. Wenn Sie zu solchem verletzenden Verhalten neigen, dann haben Sie vielleicht wirklich etwas falsch gemacht.»

«Versichern Sie den anderen, dass Sie sie nicht verletzen wollten und die Situation klären möchten», schlug Annie vor.

«Was ist, wenn ich die Person, bei der ich mich entschuldigen muss, nicht besonders mag?», fragte Gayle.

«Das mag zu Anfang schwierig erscheinen, aber ob Sie jemanden mögen oder nicht, sollte keine Rolle spielen», antwortete der Minuten-Manager. «*Man entschuldigt sich, weil es richtig ist.*»

«Ich könnte etwas Hilfe dabei gebrauchen, die negativen Gefühle, die ich gegenüber einer bestimmten Person habe, zu überwinden. Ich finde diesen Menschen schwer zu ertragen», sagte Gayle.

«Wenn Sie jemanden nicht mögen, dann sollten Sie sich fragen: ‹Was hält mich davon ab, diese Person zu mögen?›», schlug Annie vor.

«Mutter, erzähl uns doch, was du neulich auf deinem Bootsausflug bei deiner Abenteuerreise nach British Columbia erlebt hast», forderte der Minuten-Manager sie auf.

«Interessant, dass du das erwähnst», sagte Nana, «ich musste selbst gerade daran denken. Wir waren fünfundzwanzig Personen auf dieser Reise. Es war Juni, trotzdem war es eisig kalt. Im vorangegangenen Winter hatte es in Kanada viel geschneit, sodass die Flüsse mehr Wasser führten als sonst.

Unsere Reiseleiter machten sich Gedanken wegen der ungewöhnlichen Bedingungen, aber niemand von uns war so besorgt, dass er umkehren wollte. Es gab zwei Familien mit Kindern, der Rest waren Paare. Ein Mann hatte ein von Narben entstelltes Gesicht und sah, ehrlich gesagt, sehr bösartig aus. Hinter seinem Rücken nannten die Kinder ihn ‹Narbengesicht›. Und sie hatten nicht nur wegen seines Aussehens Angst vor ihm, sondern auch wegen seiner Aussprache. Er hatte eine raue Stimme, sodass jedes Wort wie ein Knurren klang. Er und seine Frau hielten sich abseits von der Gruppe und waren kein bisschen gesellig. Das war allen anderen nur recht.

Etwa in der Mitte des Urlaubs fuhren wir zwei Stunden lang mit dem Geländewagen einen schmalen Feldweg entlang, um zu einem anderen Arm des Flusses zu gelangen. Unterwegs blieb der Laster mit all unserem Proviant liegen, genau vor unserem Geländewagen. Unser Auto konnte nicht an dem Laster vorbei.

Wir waren Hunderte Meilen von der nächsten Stadt entfernt, und niemand erwartete uns früher als in neun Tagen zurück.

Unsere Handys hatten keinen Empfang. Wir saßen in der Wildnis fest! Es wurde kälter und begann zu schneien. Alle drängten sich dicht aneinander, um warm zu bleiben, außer dem Mann mit dem vernarbten Gesicht und seiner Frau. Sie gingen stattdessen spazieren!

Die Bootsleute versuchten immer wieder, den Laster zu starten. Vergeblich. Langsam bekamen wir es doch ein bisschen mit der Angst zu tun.

Nach einiger Zeit kam der Mann mit dem Narbengesicht zurück und fragte in seiner ruppigen Art, was der Grund für die Verzögerung sei. Die Bootsleute erklärten, dass sie den Laster nicht anlassen konnten. Der Furcht einflößende Mann versuchte es. Nichts tat sich.

Er öffnete die Motorhaube und begann vor sich hin zu werkeln. Dann fing er auch noch an, den Motor auseinander zu nehmen. Jetzt waren alle kurz davor, in Panik auszubrechen – die Kinder riefen, dass ‹Narbengesicht› den Motor ruiniere. Aber wir waren alle zu ängstlich, ihn zur Rede zu stellen.

Schließlich sagte ich mir, dass ich zu alt war, um mich mit den Macken irgendeines Verrückten einfach abzufinden. Also ging ich zu ihm und fragte ihn, was zum Teufel er da eigentlich mache. Er drehte sich zu mir um und knurrte: ‹Fragen Sie doch mal, ob irgendjemand eine Pinzette hat, ein Stück Draht oder eine Haarklammer aus Metall!› Sein Ton war barsch, aber seine Augen leuchteten und waren voller Zuversicht.

Ich besorgte die Sachen, die er brauchte», sagte Nana. «Nach einer Stunde hatte er den Laster repariert. Alle – und ich meine wirklich alle –, vor allem die Kinder, klatschten Beifall und pfiffen und johlten. ‹Sie haben unser Leben gerettet!›, riefen sie. Er errötete nur, lächelte zum ersten Mal und sagte: ‹Das war nichts Besonderes. Jeder hätte das geschafft.›

Natürlich wussten wir alle, dass das nicht stimmte. Von dem Augenblick an war sein neuer Spitzname ‹der Held›», sagte Nana, die die Geschichte offenbar mit großem Vergnügen erzählte.

«Die Kinder fingen an, ihn zu vergöttern, und jeden Abend hörten sie ihm zu, wenn er Geschichten von den wilden Abenteuern zum Besten gab, die er früher erlebt hatte. Und das waren viele, das könnt ihr mir glauben! Wie sich herausstellte, war er Feuerwehrmann. Er hatte schwere Verbrennungen im Gesicht erlitten, als er acht Kindergartenkinder, die vom Feuer eingeschlossen waren, gerettet hatte.

An unserem letzten Abend versammelten wir uns alle ums Lagerfeuer. Ich werde niemals die Worte des frechsten Jungen der ganzen Reisegruppe vergessen. Er stand auf und sagte, er würde es sich niemals verzeihen, wenn er sich nicht vor der ganzen Gruppe dafür entschuldigte, wie gemein er zum ‹Helden› gewesen sei.

Er sagte, der ‹Held› habe ihm nicht nur das Leben gerettet, sondern ihn auch davor bewahrt, jemals wieder jemanden so zu behandeln. Der ‹Held› stand auf, nahm den Jungen bei der Hand, hob ihn hoch und umarmte ihn.

Der ‹Held› sah ihm in die Augen und sagte: ‹Als ich so alt war wie du, da war ich noch viel schlimmer! Und ich schulde dir und den anderen auch eine Entschuldigung – ich war alles andere als freundlich, als ich zu der Gruppe stieß.

Ich nahm an, ihr wärt alle genauso wie viele andere Leute, mit denen ich in letzter Zeit zu tun hatte. Ich hatte auch meine Vorurteile. Ich habe mir nicht zugetraut, euch mein ‹wahres Ich› zu zeigen. Ich bitte dafür um Entschuldigung und versichere euch, dass ich diesen Fehler nicht noch einmal machen werde›, sagte er.

Als der letzte Tag der Reise gekommen war, wollte niemand ‹auf Wiedersehen› sagen. Niemand wollte, dass die Reise zu Ende ging», sagte Nana.

«Das kann ich gut verstehen», warf der junge Mann ein. «Der Held war glaubwürdig für sie, weil sie gesehen hatten, wie er sich von einem ungeselligen Menschen in ein aktives Mitglied der Gruppe verwandelt hatte. Er hat sich engagiert und durch sein Handeln die gesamte Gruppe verändert. Wer wollte ein solches Erlebnis missen?»

«Wenn wir uns aufrichtig entschuldigen, uns selbst verzeihen, den Schaden wettmachen und zeigen, dass wir uns verändert haben, dann gewinnen wir unseren Seelenfrieden zurück. Und die Menschen in unserer Umgebung auch», sagte Nana. «*Seelenfrieden* – ist es nicht erstaunlich, dass etwas, das gar nichts kostet und für uns jederzeit greifbar ist, manchmal so weit entfernt scheinen kann?»

Die Gruppe wurde nachdenklich. Carol und Annie baten alle zum Büfett, und sie bedienten sich schweigend. Der junge Mann dachte: «Seelenfrieden – das ist zweifellos etwas, das mein Präsident gerade nicht hat. Und wenn ich es recht bedenke, ich auch nicht.»

Gayle war die Erste, die wieder sprach. «Was ist, wenn dir etwas wieder einfällt, das du dir einmal vorgenommen hattest, was du aber nie getan hast und wofür es jetzt viel zu spät ist?»

«Können Sie uns ein Beispiel geben?», fragte Carol.

«Ja. Vor ungefähr zehn Jahren ist der Mann einer Freundin und Arbeitskollegin von mir gestorben. Ich war zu der Zeit gerade auf Geschäftsreise und nahm mir fest vor, ihr nach meiner Rückkehr Blumen und einen persönlichen Brief zu schicken. Ich habe es nie getan, und all die Jahre hatte ich ein schlechtes Gewissen deswegen. Wenn sie mir heute auf der Straße entgegenkäme, wäre ich in Versuchung, die Straßenseite zu wechseln, so peinlich ist es mir.»

Carol antwortete: «Nehmen Sie einfach den Hörer in die Hand und rufen Sie sie an. *Glauben Sie niemals, Sie wüssten, was jemand anderes denkt.* Vielleicht fühlt sie sich besonders geehrt, weil Sie sie nach so langer Zeit anrufen und um Entschuldigung bitten – Sie haben die Chance, eine Beziehung zu befestigen oder wiederherzustellen.»

«Genau das werde ich tun», sagte Gayle. «Mir fallen noch mehr Möglichkeiten für die Minuten-Entschuldigung ein, besonders bei der Arbeit.

Gestern kam ein junger Verkaufsleiter zu mir und fragte mich um Rat. Er erzählte, er habe seinem Boss eine neue Marketing-Idee weitergegeben, die eigentlich von seiner Assistentin stammte, aber das habe er nicht erwähnt. Er war befördert worden und war nun besorgt, dass er das zum Teil ihrer Idee verdankte. Er wusste nicht, wie er sich gegenüber seinem Boss und seiner Assistentin verhalten sollte.»

«Was ist dann geschehen?», fragte Carol.

«Er ging noch einmal zu seinem Boss und erklärte ihm, was passiert war. Sein Boss sagte, diese Marketing-Idee sei nicht der Grund für seine Beförderung gewesen. Aber jetzt gebe es einen weiteren, sogar noch besseren Grund: Er sei ein integerer Manager.

Er war erleichtert, aber er sagte, er wolle die Sache auch noch mit seiner Assistentin klären. Er wird sich bestimmt viel besser fühlen, wenn ich wieder zur Arbeit gehe und ihm erkläre, was eine effektive Minuten-Entschuldigung ist», bemerkte Gayle.

Bei den Worten «wieder zur Arbeit gehen» überlief den jungen Mann plötzlich ein Angstschauer. Er ermahnte sich selbst:

Fixiere dich nicht auf das Ergebnis und hörte wieder dem Gespräch zu.

«In unserer Firma», sagte Don, «entstehen viele Probleme durch Konflikte, Unhöflichkeit, Kleinlichkeit, andere hingegen durch Versehen, Fehler, falsche Annahmen, Vergesslichkeit oder einfach pure Dummheit.»

«Gibt es in irgendeinem dieser Fälle einen guten Grund, sich nicht zu entschuldigen?», fragte der junge Mann.

Annie fragte zurück: «Wenn du einen dummen Fehler gemacht hast, würdest du ihn wiederholen wollen?»

«Nein», antwortete der junge Mann.

«Hättest du ein schlechtes Gewissen, wenn dein Fehler anderen Schaden zugefügt hätte?», fragte Annie weiter.

«Ja, natürlich», erwiderte der junge Mann.

«Gut», sagte Annie lächelnd. «Wie lautet also die Antwort auf deine Frage?»

«Jedes Mal, wenn ich einen Fehler mache, jemanden aus Versehen oder mit Absicht verletze oder nicht beachte, ist sofort eine Minuten-Entschuldigung angebracht», sagte er.

«Mir scheint», sagte der junge Mann:

Die beste Art, sich bei jemandem

zu entschuldigen,

dem man Schaden zugefügt hat,

besteht darin, ihm zu sagen,

dass man einen Fehler gemacht hat,

dass man deswegen ein schlechtes

Gewissen hat,

und zu erklären,

wie man sein Verhalten ändern will.

«So kann man es sich leicht merken», fand Don.

Der junge Mann fügte hinzu: «Und jede Entschuldigung, die ich vorbringe, wird mir helfen, noch mehr darauf zu achten, welche Auswirkungen mein Verhalten auf andere hat, und mich lehren, in Zukunft einfühlsamer und rücksichtsvoller zu sein. Dann kann ich auch auf andere einwirken, sie ebenfalls sensibler für die Auswirkungen ihres eigenen Verhaltens machen. Und ich kann ihnen dadurch helfen zu verhindern, dass sie sich entschuldigen müssen. *Es geht immer darum, Entschuldigungen vorzubeugen, stimmt's?*»

«Du hast es *begriffen*. Du hast es *wirklich* begriffen», rief der Minuten-Manager aus und strahlte den jungen Mann an.

Don bemerkte auf einmal, wie spät es geworden war. «Ich kann kaum glauben, dass wir so lange hier gewesen sind! Wir haben einen wundervollen Abend gehabt. Was für ein großartiges Gespräch! Kein leeres Geschwätz in diesem Hause! Vielen Dank Ihnen allen.»

Gayle ging zur Haustür und sagte zum Minuten-Manager: «Wenn es Ihnen Recht ist, würde ich Sie nächste Woche gerne einmal anrufen. Ich möchte die Minuten-Entschuldigung in unser Handbuch fürs Personalwesen aufnehmen. Wir könnten sie in unserer Firma sofort sinnvoll einsetzen.»

«Ich freue mich darauf», antwortete der Minuten-Manager.

Der junge Mann verabschiedete sich und schrieb sich auf:

Mit jeder Minuten-Entschuldigung

wird dir deutlicher bewusst,

wie sehr sich dein Verhalten

auf andere auswirkt.

VERANTWORTUNG ÜBERNEHMEN

Am Sonntagmorgen wurde der junge Mann von lautem Donner geweckt. Es war dunkel, bedeckt und windig, in der Ferne zuckten Blitze am Himmel. Er blickte auf seinen Wecker und sah, dass es erst halb sieben war. Aber er fühlte sich bereits ausgeschlafen und sprang aus dem Bett, um sich auf seinen letzten Tag am See vorzubereiten. Er ging in die Küche, und als er sich einen Becher Kaffee kochte, hörte er hinter sich eine Stimme.

«Es geht doch nichts über den Duft von Kaffee am Morgen!» Es war Annie. «Was machst du hier schon so früh am Morgen?»

«Das wollte ich dich auch gerade fragen», versetzte er.

«Hast du Lust, deinen Kaffee draußen auf der überdachten Veranda zu trinken?», fragte sie ihn.

«Gern. Ich mag den Regen», antwortete der junge Mann und öffnete die Tür zur Veranda.

«Läuft das Wochenende so, wie du es dir erhofft hast?», fragte Annie.

«Auf meinem Flug hierher dachte ich: ‹Das ist großartig! Ich werde mich mit deinem Vater treffen, und durch seinen Rat werden alle meine Probleme gelöst werden.› In Wirklichkeit ist es aber so, dass alle, mit denen ich an diesem Wochenende zusammen war, mir neue Perspektiven eröffnet haben.»

«Meine Mutter sagt immer: Wenn du willens bist, ein Schüler zu sein, dann stellen sich auch die passenden Lehrmeister ein.»

«Ich habe dieses Wochenende so viel gelernt. Mir ist jetzt klar: *Wenn man sich selbst belügt, dann geht es einem in Fleisch und Blut über, andere ebenfalls anzulügen.* Ich habe gelernt: So schwierig es auch sein mag – wenn man etwas falsch gemacht hat, dann muss man zuerst einmal selbst damit fertig werden, dass man einen Fehler begangen hat. Normal ist es jedoch eher, dass man Ausreden dafür zu finden versucht oder dass man es irgendwie rechtfertigt. Von nun an werde ich das, was ich angerichtet habe, sehr ernst nehmen, meine Fehler zugeben, mich so schnell wie möglich bei denen entschuldigen, die ich verletzt habe, und ihnen zeigen, dass ich ein schlechtes Gewissen habe. Ich werde den Schaden so wieder gutmachen, dass der andere spürt, dass ich es ernst meine – aber vor allen Dingen ist mir eines klar geworden: *Das Vertrauen kehrt so lange nicht zurück, bis die Person, die ich verletzt habe, überzeugt ist, dass ich mein Verhalten geändert habe.*»

«Du hast viel gelernt», sagte Annie. «Ich weiß, was du meinst. Diese Gespräche im Familienkreis bedeuten mir sehr viel. Darum komme ich auch so gerne nach Hause, sooft ich kann. Eine Lektion, die meine Eltern mir immer wieder beigebracht haben, handelt von der *Schuld.*»

«Was meinst du damit?», fragte er.

«Nun ja, das ist eine Lektion, die nicht jeder gerne hört.

Die Schuld, das ist unser eigener Anteil an dem Problem – oder das, was wir zu der Fehlentwicklung beigetragen haben. Manchmal hat es mit dem zu tun, was wir getan haben, häufiger aber damit, dass wir nichts getan haben, weil wir nicht ehrlich zu uns selbst oder anderen gewesen sind.»

«Manchmal ist es aber auch wirklich schwierig, die Wahrheit zu sagen. Niemand hört gerne schlechte Nachrichten, und die meisten Leute haben Schwierigkeiten, damit umzugehen», merkte er an. Der junge Mann hielt inne, denn plötzlich kam ihm ein Gedanke. «Oha! Annie, versuchst du mir nett und höflich zu sagen, dass ich meinen Teil zum Problem meines Chefs beigetragen haben könnte? Dass ich vielleicht etwas, was ich hätte tun sollen, nicht getan habe? Bin ich schuldig?»

«Es steht mir nicht zu, das zu beurteilen. Ich weiß ja auch gar nicht, was eigentlich vorgefallen ist. Du weißt, dass Daddy niemals etwas Vertrauliches weitererzählen würde», antwortete Annie.

«Trotzdem. Was du da sagst, trifft schon zu. Ich muss mir wirklich Gedanken über meine eigene Schuld machen. Ich werde nicht davor weglaufen. Aber anderen die Schuld zu geben ist doch *viiiiel* leichter», sagte er grinsend.

Annie lachte. Dann sagte sie: «Aber nur kurzfristig. Auf lange Sicht – na ja, den Rest brauche ich dir nicht zu erzählen», sagte sie lachend.

«Vielen Dank für den Weckruf», erwiderte er.

«Gern geschehen. Aber mit der Zeit hättest du das auch selbst herausgefunden.»

«Kann sein, aber ich muss mich schon bis morgen in ein Genie verwandeln», wandte er ein.

Ein greller Blitz und ohrenbetäubendes Donnern unterbrachen ihre Unterhaltung.

«Es sieht nicht danach aus, als ob Dad und du heute besonders viel Golf spielen würdet, bei dem Wetter.»

«Wie ich deinen Vater kenne, wird er sagen: ‹Prima Tag zum Golfspielen – wir werden den ganzen Parcours für uns alleine haben!›»

«Glaubst du wirklich, dass du ihn durchschaut hast?», fragte Annie lachend.

In dem Augenblick trat der Minuten-Manager zu ihnen. «Tja, sieht so aus, als würden wir den ganzen Golfplatz für uns alleine haben!», sagte er laut.

«Habe ich es dir nicht gesagt?», triumphierte der junge Mann.

«Ich nehme zurück, was ich gesagt habe. Vielleicht wirst du wirklich bis morgen ein Genie werden!», scherzte Annie.

«Warum lacht ihr alle so?», rief Carol, als sie von der Küche zur Veranda ging. «Am Wetter kann es jedenfalls nicht liegen.»

Frühstücksduft empfing sie, als sie hinein gingen.

SELBSTACHTUNG

Beim Frühstück sagte der junge Mann, wie sehr er die Dinnerparty und die Gespräche mit den Nachbarn genossen hatte. Er fügte hinzu: «Ich habe noch immer ein paar Fragen. Was hält die Menschen eigentlich davon ab, aufrichtig zu sein, ihre Fehler einzugestehen und sich dann dafür zu entschuldigen?»

«Das ist eine innere Angelegenheit», antwortete der Minuten-Manager.

«Eine innere Angelegenheit?», fragte der junge Mann verwundert.

«Es hat damit zu tun, was du in deinem Innersten von dir selber hältst – deiner *Selbstachtung*», erklärte der Minuten-Manager.

«Woher lernt man, sich selbst zu achten?», wollte der junge Mann wissen.

«Aus vier Quellen», erwiderte der Minuten-Manager. «Die erste ist *Schicksal*. Bei der Geburt hast du keine Wahl, wo du zur Welt kommst, wer deine Eltern sind, ob du männlich oder weiblich bist, welche Hautfarbe du hast. Es ist Schicksal.

Die zweite sind deine *frühen Erfahrungen mit Erwachsenen* – deinen Eltern, Verwandten, Lehrern und Trainern.

Die dritte», fuhr der Minuten-Manager fort, «sind deine *Erfolge und Misserfolge im Leben.*

Und die vierte Quelle des Selbstwertgefühls ist *deine eigene Wahrnehmung der ersten drei.*

Was meinst du», fragte der Minuten-Manager, «welche dieser vier Quellen ist die wichtigste?»

«Die vierte», antwortete der junge Mann.

«Genau», gab ihm der Minuten-Manager Recht, «denn aufgrund dieser Wahrnehmung treffen wir all unsere Entscheidungen.»

«Entscheidungen?», fragte der junge Mann.

«Ja», antwortete der Minuten-Manager. «Unabhängig von unserem Schicksal, unseren frühen Erfahrungen mit Erwachsenen oder unseren Erfolgen und Misserfolgen im Leben *entscheiden wir, ob wir uns selbst achten oder nicht.*»

«Warum sollte sich irgendjemand *entscheiden,* negativ über sich selbst zu denken?», fragte der junge Mann.

«Dabei kommt dein Selbstwertgefühl, unabhängig von deinen früheren Erfahrungen, ins Spiel, und das erfordert eine andere Perspektive», erklärte Carol.

«Unser Großvater sagte immer», begann Brad, «wenn jemand den rechten Maßstab verliert und anfängt, sich selbst als Mittelpunkt des Universums anzusehen, so ist das ein Anzeichen für ein außer Kontrolle geratenes Ego.»

«Wie gerät denn ein Ego außer Kontrolle?», erkundigte sich der junge Mann.

«Auf zwei verschiedene Weisen», betonte der Minuten-Manager.

«Die erste ist *falscher Stolz.* Das bedeutet, dass man sich selbst höher schätzt, als man sollte – wenn man sich selbst ständig über die anderen stellt. Wenn gute Dinge gelingen und man den Erfolg nur sich alleine zuschreibt.»

«Mit solchen Leuten zusammenzuarbeiten macht nicht besonders viel Spaß», bemerkte der junge Mann lächelnd. «Sie kochen immer nur ihr eigenes Süppchen.»

«Das kann man wohl sagen», pflichtete der Minuten-Manager ihm bei. «Die zweite Weise, auf die das eigene Ego einen in Schwierigkeiten bringen kann, sind *Selbstzweifel.* Das bedeutet, dass man sich selbst geringer schätzt, als man sollte. Dann ist man immerzu darauf bedacht, sich selbst zu schützen.»

«Ich nehme an, dass sowohl Menschen mit falschem Stolz als auch Menschen mit Selbstzweifeln Schwierigkeiten haben, sich zu entschuldigen», vermutete der junge Mann.

«Genau», warf Annie ein. «Menschen mit falschem Stolz wollen ihre Schwächen nicht zeigen. Zugeben zu müssen, dass sie einen Fehler gemacht haben, ist ihr schlimmster Albtraum.»

Brad schaltete sich ein. «Und Menschen mit Selbstzweifeln haben Angst davor zuzugeben, dass sie etwas falsch gemacht haben, weil sie fürchten, die anderen könnten herausfinden, wie inkompetent sie sind.»

«In beiden Fällen», fuhr der Minuten-Manager fort, «ist ihre Selbstachtung von außen bestimmt – sie glauben, dass ihr Wert von ihrer Leistung und ihrem Ansehen in den Augen anderer abhängt. Darum schwankt ihre Selbstachtung von Tag zu Tag, je nachdem, wie die Leute auf sie reagieren. Sie denken, die Welt dreht sich um sie allein. Ihnen mangelt es an Bescheidenheit. Folgendes ist ihnen nicht klar:

Bescheidene Menschen

denken nicht

weniger gut von sich.

Sie denken einfach nur

weniger an sich.

«Wie kann man es schaffen, eine solche Sichtweise zu entwickeln?», fragte der junge Mann.

«Man muss bewusst trennen zwischen dem, was man ist, und dem, was man tut», erklärte der Minuten-Manager.

«Du meinst N. E. O.?», fragte der junge Mann.

«Genau», sagte der Minuten-Manager lächelnd. «*Nicht Ergebnis-orientiert.*»

Er sprach weiter. «Wenn ich Eltern frage: ‹Liebt ihr eure Kinder?›, dann lachen sie, weil die Antwort auf der Hand liegt. Dann frage ich: ‹Liebt ihr eure Kinder nur, wenn sie erfolgreich sind? Wenn sie Erfolg haben, liebt ihr sie, und wenn nicht, dann nicht?› Sie lachen wieder und sagen: ‹Nein. Wir lieben unsere Kinder in jedem Fall.› Das ist bedingungslose Liebe. Was meinst du, was würde geschehen, wenn du diese bedingungslose Liebe auch zu dir selbst hättest?»

«Ich wäre sicherer und hätte ein höheres Selbstwertgefühl», antwortete der junge Mann.

«Auf jeden Fall», stimmte der Minuten-Manager zu.

«Leider ist es so: Wenn du glaubst, dass die Liebe, die dir entgegengebracht wird, an Bedingungen geknüpft ist, so steht dein Selbstwertgefühl immer zur Disposition. Dann beginnst du, dich die ganze Zeit selbst zu loben oder zu schützen. Du glaubst, du musst etwas leisten oder andere beeindrucken, um Liebe und Aufmerksamkeit zu bekommen, und das musst du immer wieder schaffen, um dir beides weiter zu erhalten.»

«Das klingt nach einem sehr wackeligen emotionalen Fundament», bemerkte der junge Mann, während er den anderen dabei half, den Tisch abzudecken.

«Irgendwann», sagte Carol, lehnte sich an den Tisch und sah dem jungen Mann direkt in die Augen, «wachst du auf und begreifst, dass du nicht genug erreichen kannst, nicht genug Anerkennung oder Macht gewinnen oder genug Dinge besitzen kannst, um noch mehr geliebt zu werden. Du hast längst all die Liebe, die du brauchst. Du bist aus bedingungsloser Liebe geboren. Gott hat keinen Unrat erschaffen.»

«Was du gerade gesagt hast, ist wohl das Wichtigste, was ich lernen muss», meinte der junge Mann.

«Und dein Präsident vielleicht auch», sagte der Minuten-Manager und lächelte.

ENTSCHULDIGE DICH
BEI DIR SELBST

Nach dem Frühstück fuhren der Minuten-Manager und der junge Mann los, um Nana abzuholen, damit sie gemeinsam mit der Familie in die Kirche gehen konnte.

Sie wollten sie bei diesem Unwetter nicht selbst Auto fahren lassen. Annie nahm Carol und Brad in ihrem eigenen Auto mit.

Als sie sich anschnallten, sagte der junge Mann zum Minuten-Manager: «Annie hat heute Morgen ein sehr wichtiges Thema zur Sprache gebracht. Sie hat mir geholfen zu verstehen, wie ich selbst zu dem Problem in meiner Firma beigetragen haben könnte, indem ich nichts unternommen habe.»

«Meine kleine Annie! So etwas Gemeines hat sie gesagt?», fragte der Minuten-Manager mit gespielter Ungläubigkeit.

«Ja. Deine kleine Annie hat es so gut ausgedrückt, dass ich nicht ein einziges Mal das Gefühl hatte, auf dem heißen Stuhl zu sitzen.»

«Na ja, *das* hat sie bestimmt nicht von mir gelernt.»

«Da hast du Recht. Aber ihr habe ich es zu verdanken, dass ich die Geschehnisse in meiner Firma nun in ganz anderem Lichte zu sehen beginne. Schließlich habe ich das ganze Spiel mitgespielt. Ich war in Sorge, mein dickes Gehalt und meine Extra-Zuwendungen zu verlieren. Ich habe gute Miene zum bösen Spiel gemacht und so getan, als würde gar nichts geschehen. Aber natürlich wusste ich genau Bescheid. Ich wollte es einfach nur nicht zugeben. Auch ich habe mitgemacht, indem ich weggeschaut habe. Indem ich nicht aufrichtig in seinem Interesse gehandelt habe, habe ich unbewusst dazu beigetragen, dass mein Präsident in Schwierigkeiten geraten ist.

Wie ich dir ja am Freitagabend erzählt habe, hatte ich Angst davor, ihm schlechte Nachrichten zu überbringen. Wenn ich kein Blatt vor den Mund genommen hätte, dann sähe jetzt alles anders aus.»

«Du kannst den Gang der Dinge nicht kontrollieren», sagte der Minuten-Manager, als er das Auto in die enge Straße lenkte, in der Nana wohnte, *«aber du kannst kontrollieren, was du denkst und was du tust.»*

Er fuhr fort: «Du hast zugelassen, dass Selbstzweifel und Furcht dein Verhalten bestimmt haben. *Zumindest würdest du dich heute wesentlich besser fühlen, wenn du vollkommen ehrlich zu dir selbst gewesen wärst.* Situationen wie die in deiner Firma entstehen nicht von heute auf morgen. Sehr wahrscheinlich haben viele Leute Bescheid gewusst, aber keiner von ihnen wollte Alarm schlagen, aus Angst, den Boss zu verärgern. Was ist der Präsident deiner Firma für ein Mensch? Glaubst du, dass er es draufhat, das Ruder noch einmal herumzureißen?»

Der junge Mann gab zur Antwort: «Bevor die ganze Sache passiert ist, war ich voller Respekt und Bewunderung für ihn. Ich habe ihm viel zu verdanken und werde auf jeden Fall loyal zu ihm halten. Was deine Frage betrifft – ich weiß es nicht. Im letzten Jahr ist er angesteckt worden mit dem, was du falschen Stolz nennst. Er hält sich selbst für besser, als er sollte. Darum trägt er die Nase sehr hoch und ist sehr auf die Privilegien bedacht, die mit seiner Stellung verbunden sind. Ich wünschte, ich wäre ihm eine größere Hilfe gewesen. Ich denke, ich habe einfach nicht geglaubt, dass ich in meiner Position irgendetwas unternehmen könnte.»

Der Minuten-Manager sagte darauf: «Sei nicht so hart zu dir

selbst. Dein Boss hat sich zu falschem Stolz verstiegen, und Selbstzweifel haben deine Angst verstärkt. Ihr müsst euch beide bei euch selbst entschuldigen. Entschuldigt euch bei *euch selbst* für ein Verhalten, auf das ihr nicht stolz seid. Nehmt euch vor, dieses Verhalten in Zukunft zu vermeiden. Dann repariert den Schaden, den ihr euch selbst und anderen zugefügt habt, indem ihr euch tatsächlich anders verhaltet. So wendet ihr die Dinge zum Besseren.»

«Ein guter Rat», meinte der junge Mann. «Aber es wird nicht ganz einfach sein, das meinem Präsidenten zu verkaufen.»

«Und was für ein Gefühl hast du jetzt bei all dem? Geht es dir besser oder schlechter als bei deiner Ankunft hier?»

«Ich fühle mich viel besser, danke. Ich bin sicherer und weiß, was ich zu tun habe. Die Minuten-Entschuldigung kennen gelernt zu haben macht einen großen Unterschied aus.»

«Und was ist das *Einzige*, das sich verändert hat?»

«Ich. Ich habe mein Denken verändert.»

Der Minuten-Manager wollte ihn auf die Probe stellen und fragte: «Und, wirst du jetzt auch dein Verhalten ändern?»

Klugerweise antwortete der junge Mann nicht darauf, sondern begann sich selbst zu fragen, was er anders machen würde.

Als das Auto in Nanas Einfahrt einbog, regnete es heftig. Der junge Mann sprang aus dem Auto und rannte zum Haus, um Nana abzuholen. Als er auf die Veranda trat, öffnete sich die Tür, und sie kam heraus. Er spannte seinen Regenschirm auf und begleitete Nana aufmerksam zum Auto.

SELBSTACHTUNG
UND DIE MINUTEN-
ENTSCHULDIGUNG

Als sie losfuhren, sagte der junge Mann: «Ihr beide habt mir geholfen, die Kraft der Entschuldigung zu verstehen. Aber *was ist
mit Leuten, bei denen sich niemand entschuldigt, obwohl sie das Gefühl
haben, sie hätten eine Entschuldigung verdient?* Gestern Nacht habe
ich im Bett darüber nachdenken müssen, wie viele Menschen
verletzt oder niedergeschlagen sind, weil die Person, die sie enttäuscht hat, nicht den Mut hatte, einen Fehler zuzugeben und
sich zu entschuldigen. Was können diese Menschen machen?»

«Wenn dich etwas belastet und du dich nicht damit auseinander setzt, was geschieht dann mit diesen Gefühlen? Bleiben
sie bestehen oder verschwinden sie?», fragte der Minuten-Manager.

«Die negativen Gefühle bleiben», antwortete der junge
Mann.

«Der Groll nagt an dir und kann dich manchmal handlungs-
unfähig machen», erklärte Nana. «Sobald du dich mit dem, was
dich belastet, auseinander setzt, verschwinden deine negativen
Gefühle und deine Angst – wie durch Zauberei.»

«Wie heißt es doch? ‹Die Wahrheit wirkt befreiend›», ergänzte der Minuten-Manager.

«Wo du es gerade erwähnst –», sagte der junge Mann, «immer wenn ich meinem aufgestauten Ärger oder meinem Frust
über jemanden Luft gemacht habe, sage ich mir: ‹Ich bin so froh,
dass ich mir das von der Seele geredet habe.› Aber es gelingt mir
nicht besonders gut, die zurückbleibenden negativen Gefühle
ganz loszuwerden. Irgendwelche Vorschläge?»

«Mir scheint», sagte Nana, «du hast zwei Möglichkeiten. Zum einen kannst du der betreffenden Person verzeihen und den Vorfall auf sich beruhen lassen.»

«Das ist aber ziemlich schwer, oder?», fragte der junge Mann. «Wie kann man lernen, so leicht zu verzeihen?»

«Das wäre ein ganz anderes Wochenende», erwiderte der Minuten-Manager lächelnd.

«Auf jeden Fall», stimmte Nana zu und lachte ebenfalls.

Der Minuten-Manager fuhr fort: «Bedenke, dass niemand vollkommen ist. Und genau wie dein Präsident sind viele Menschen viel zu sehr in ihre eigenen Probleme verstrickt, um auf die Gefühle anderer zu achten. Indem du ihnen verzeihst, kannst du deine negativen Gefühle loslassen und ohne sie weiterleben.»

«Aber was ist, wenn ich es einfach nicht über mich bringe, zu verzeihen, ohne eine Entschuldigung gehört zu haben?», wollte der junge Mann wissen. «Verstimmungen und negative Gefühle verschwinden ja nicht einfach von selbst.»

«Das bringt uns zu der zweiten Möglichkeit», sagte Nana lächelnd, «nämlich der betreffenden Person zu sagen, wie du dich fühlst.»

«O. k. Ich kann also eine Entschuldigung einfordern?»

«Ja», sagte der Minuten-Manager. «Für dich selbst ist dabei aber viel wichtiger, dass du aussprichst, was er oder sie getan hat und welche Auswirkungen das für dich hatte.»

Der junge Mann sagte: «Schon, aber angenommen, diese Person lehnt das, was ich sage, ab oder greift mich sogar deswegen an?»

«Davor hat *jeder* Angst», sagte Nana, «aber lohnt es sich nicht trotzdem, dieses Risiko einzugehen? Das Festhalten an negativen Gefühlen schadet nur *dir*.»

«Jetzt verstehe ich langsam», sagte der junge Mann.

«Wenn du den Mut beweist, zu jemandem, der dir wichtig ist, ehrlich zu sein, dann beweist du auch deine Selbstachtung. Du lässt den betreffenden Menschen wissen, wie du behandelt werden möchtest. Und du lässt den betreffenden Menschen wissen, dass dir an der Beziehung zu ihm liegt und dass du willst, dass diese Beziehung wächst und gedeiht», erklärte der Minuten-Manager.

«Das ist sehr hilfreich für mich», sagte der junge Mann. Er zog sein Notizbuch hervor und schrieb:

Wenn du gegenüber jemandem,

der dir wichtig ist,

deine Gefühle offen ausdrückst,

dann beweist du Achtung vor dir selbst

und für die Beziehung.

«Wenn du deine Gefühle ausdrückst», schlug der Minuten-Manager vor, «dann fang am besten damit an, indem du ‹Ich-Aussagen› machst und keine ‹Du-Aussagen›. Sag zum Beispiel: ‹Ich möchte gerne, dass unsere Beziehung so gut ist, wie sie nur sein kann. Das Einzige, was dem im Moment im Wege steht, ist mein Ärger über …›»

«Was ist, wenn ich die Entschuldigung, die ich verdient zu haben glaube, nicht bekomme?», fragte der junge Mann nach.

«Die Hauptsache ist zunächst, der anderen Person Klarheit darüber zu ermöglichen, dass sie dich verletzt hat und sich vornehmen sollte, dieses Verhalten abzustellen», sagte Nana.

«Und wenn das nicht geschieht?»

«*Wenn der anderen Person die Beziehung zu dir nicht wichtig genug ist, um sich irgendwie um einen Ausgleich zu bemühen, nachdem sie erfahren hat, dass sie dich verletzt hat, dann steht vielleicht die Beziehung selbst in Frage*», sagte der Minuten-Manager.

«In Wirklichkeit geht es um die Beziehung, stimmt's? Darum ist es so wichtig, zu sich selbst und der anderen Person ehrlich zu sein», bemerkte der junge Mann.

«Das hätte ich selbst nicht besser ausdrücken können», sagte der Minuten-Manager und nickte zustimmend.

Als sie vor der Kirche anlangten, sagte Nana: «Ich kann es kaum erwarten, heute unseren neuen Pastor zu hören. Die Damen in meinem Club sprechen seit Tagen von ihm. Ich glaube, uns erwartet etwas ganz Besonderes.»

EINE CHANCE,
DAS RICHTIGE ZU TUN

Nana hatte Recht. Dem jungen Mann gefiel die Predigt des Pastors sehr, vor allem die Geschichte, mit der er schloss, fand er bewegend:

«Ich war noch ein kleiner Junge», begann der Pastor, «und meine Großmutter war eine fantastische Monopoly-Spielerin. Immer wenn wir gegeneinander spielten, hat sie mich vernichtend geschlagen. Am Ende des Spiels gehörte ihr alles – Schlossallee, Parkstraße … was du willst! Sie lächelte mich immer an und sagte: ‹John, eines Tages wirst du lernen, wie man dieses Spiel spielt.›

In einem Sommer zog dann ein neues Kind in das Haus nebenan.

Wie sich herausstellte, war der Nachbarsjunge ein fantastischer Monopoly-Spieler. Wir spielten jeden Tag, und mit der Zeit wurde ich tatsächlich besser. Ich freute mich richtig, denn ich wusste, dass meine Großmutter im September zu Besuch kommen würde!

Als meine Großmutter ankam, rannte ich ins Haus, umarmte sie stürmisch und fragte: ‹Hast du Lust, Monopoly zu spielen?› Ich werde nie vergessen, wie ihre Augen aufleuchteten. Also baute ich das Brett auf, und wir begannen zu spielen. Aber diesmal war ich bereit, es mit ihr aufzunehmen. Am Ende des Spiels hatte ich sie vernichtend geschlagen. Mir gehörte *alles*. Es war der größte Tag in meinem Leben!

Diesmal lächelte meine Großmutter am Ende des Spiels und sagte: ‹John, jetzt, wo du weißt, wie man dieses Spiel spielt, möchte ich dir etwas über das Leben beibringen: Es kommt alles in den Karton zurück.›

‹Was?›, fragte ich.

‹Alles, was du gekauft hast, alles, was du angesammelt hast – wenn das Spiel zu Ende ist, kommt alles in den Karton zurück.›

Ist es im Leben nicht genauso?», fragte der Pastor.

«Wie sehr man sich auch abstrampelt – nach Geld, Anerkennung, Macht, Prestige und Besitz, wenn das Leben vorbei ist, kommt alles in den Karton zurück.»

Der Pastor hielt inne, trat einen Schritt auf die Gemeinde zu und fuhr mit gedämpfter Stimme fort: «Das Einzige, was wir behalten können, ist unsere Seele. Dort bewahren wir die, die wir geliebt haben und die uns geliebt haben ...»

Auf dem Rückweg von der Kirche durch den strömenden Regen war der junge Mann still. Das einzige Geräusch während der Fahrt war das Quietschen der Scheibenwischer. Beinahe flüsternd sagte er schließlich: «Diese Geschichte, die der Pastor am Ende der Predigt erzählt hat, hat mit allem zu tun, worüber wir dieses Wochenende gesprochen haben, nicht wahr?»

«Ja, das stimmt», antwortete der Minuten-Manager. «Da alles, was wir im Leben unserer eigenen Leistung und der Meinung anderer verdanken, in den Karton zurückkommt, können wir genauso gut das Richtige tun. Je eher wir erkennen, dass unser Ego uns auf den falschen Weg führt, desto eher erkennen wir auch, *dass die einzige Möglichkeit, den Schaden wieder gutzumachen, den wir uns selbst und anderen zugefügt haben, darin besteht, ehrlich zu sein, unsere Fehler zuzugeben und unser Verhalten zu ändern.»*

«Das ist das Schöne an der Minuten-Entschuldigung – sie ist die beste Methode, die ich kenne, um die Dinge wieder in Ordnung zu bringen, für dich selbst und für die Menschen, die dir wichtig sind», sagte Nana. Die drei fuhren schweigend weiter.

EINE ART, SICH ZU BEDANKEN

Als sie beim Ferienhaus des Minuten-Managers angekommen waren, tobte das Unwetter noch schlimmer als zuvor. Gerade als sie ins Trockene hasteten, klingelte das Handy des jungen Mannes. Es war der Präsident, der ihn anrief.

Der junge Mann warf dem Minuten-Manager einen besorgten Blick zu, dann ging er, um in seinem Zimmer zu telefonieren. Ein paar Minuten später kehrte er zurück.

Der Minuten-Manager fragte: «Ist alles in Ordnung?»

«Ja. Wenigstens glaube ich es. Der Präsident hat gesagt, dass er im Wetterbericht von dem Sturm gehört hat. Und er will nicht, dass ich für die Rückreise ein unnötiges Risiko auf mich nehme. Er hätte Verständnis, wenn ich mich verspäten oder es nicht zu unserem Meeting schaffen würde. Und dann», sagte der junge Mann und grinste von einem Ohr zum anderen, «hat er noch gesagt, dass er die Lincoln-Geschichte großartig fand! Sie hätte ihm enorm geholfen. Er hat sie auch schon an seine Familie weitergegeben. Er hat vor, sie heute Abend noch mehrmals durchzulesen.»

«Das ist schon mal ein gutes Zeichen – er ist in besserer Stimmung und kann wieder über Dinge nachdenken, die über sein eigenes Problem hinausgehen», fand der Minuten-Manager.

«Ich hoffe, du hast Recht. Seine Worte waren rücksichtsvoll und dankbar, aber er klang sehr müde.»

«Oder emotional erschöpft», ergänzte Carol.

«Das ist sehr gut möglich», sagte der junge Mann. «Wenn ich in der Stadt geblieben wäre, dann würde ich wahrscheinlich ganz genauso klingen – oder noch schlimmer. Ich habe immer gewusst, dass es wichtig ist, mal für einige Zeit Abstand zu gewinnen, aber die Vorzüge einer neuen, frischen Perspektive sind mir noch nie so klar geworden wie an diesem Wochenende.»

Carol hatte inzwischen noch einmal nach draußen geschaut und schlug vor, sich genauer über die Wetteraussichten zu informieren. Der Minuten-Manager bat Brad, sich im Radio die neueste Vorhersage anzuhören. Als er zurückkehrte, berichtete Brad, dass das Unwetter noch zwei Tage andauern sollte. Als der junge Mann das hörte, rief er beim Flughafen an.

«Es sieht so aus, als würde das Unwetter nicht so bald aufhören. Flüge werden gestrichen. Gibt es hier in der Nähe einen Bahnhof?», fragte der junge Mann danach seine Gastgeber.

«Ja», antwortete der Minuten-Manager.

Der junge Mann rief dort an und erfuhr, dass der letzte Zug in die Stadt in zwei Stunden abfuhr. Er reservierte einen Platz und bestellte ein Taxi. Dann ging er in sein Zimmer und packte schnell seine Sachen für die Fahrt zurück nach Hause.

Als der junge Mann zur Familie ins Wohnzimmer zurückkehrte, sagte er ihnen, dass er leider früher als geplant zurückfahren müsse.

«Ich glaube, er reist nur deswegen ab, weil er weiß, dass Dad selbst diesem Wetter trotzen und eine Runde Golf spielen will», scherzte Annie.

«O. k., wie wär's, willst du vielleicht eine Neuansetzung der Partie beantragen?», fragte Brad. Alle lachten, während der Regen weiter herunterprasselte.

«Ich würde gerne wiederkommen und, ja, ich würde mich sogar überwinden und Golf spielen. Im Regen, wenn nötig!», erwiderte der junge Mann lachend und ging in sein Zimmer zurück, um sein Gepäck zu holen.

Als das Taxi hupte, wandte der junge Mann sich dem Minuten-Manager zu und sagte: «Wünsch mir Glück!»

«Was du jetzt hast, ist viel besser als Glück. Du hast Wissen», erwiderte der Minuten-Manager. «Du weißt jetzt über die Minuten-Entschuldigung Bescheid.»

«Mehr noch, ich weiß, was ich zu tun habe», gab der junge Mann zurück.

«Du wusstest bereits, was du zu tun hast. Tief in deinem Inneren. Du musstest nur daran erinnert werden», sagte der Minuten-Manager.

«Gut, dann also vielen Dank fürs ‹Erinnern›», sagte der junge Mann.

Der Minuten-Manager nickte und sagte: *«Du kannst mir danken, indem du die Minuten-Entschuldigung richtig anwendest und andere an dem, was du gelernt hast, teilhaben lässt.»*

«Das werde ich», versprach der junge Mann.

Danach umarmte der junge Mann jeden von ihnen und verabschiedete sich, nahm sein Gepäck und rannte durch den sintflutartigen Regen zu dem wartenden Taxi.

Auf dem Weg zum Bahnhof empfand er Dankbarkeit für alles, was er gelernt hatte. Im Zug fing er jedoch wieder an, sich Sorgen zu machen wegen der Dinge, die er sich für morgen vorgenommen hatte.

Aber seine Besorgnis ließ nach, als er an das Wissen dachte, über das er jetzt verfügte und das ihm und seinem Boss helfen konnte.

Mit Hilfe seiner Notizen vom Wochenende begann er eine Zusammenfassung all dessen zu schreiben, was er gelernt hatte.

Der junge Mann fasste einen Vorsatz: *Der Präsident wird möglicherweise nicht hören wollen, was ich zu sagen habe, aber ich bin nicht länger am Ergebnis orientiert – ich tue es, weil es das Richtige ist.*

Der junge Mann lächelte, zufrieden darüber, dass er jetzt seinen eigenen Wert anerkennen konnte, unabhängig davon, was alle anderen denken mochten. Er zog sein Notizbuch hervor und las noch einmal seine Aufzeichnungen über Selbstachtung:

Du bist in der Lage,
dich selbst anzunehmen,
wenn:

- dein Selbstwertgefühl nicht auf deiner Leistung oder der Meinung anderer basiert.

- du willens bist, Fehler einzugestehen, egal, was dabei herauskommt.

- du nicht weniger gut von dir denkst, sondern weniger an dich denkst.

- dir klar ist, dass du nicht genug erreichen kannst, nicht genug Anerkennung oder Macht gewinnen oder genug Dinge besitzen kannst, um noch mehr Liebe zu erringen. Du wirst bereits bedingungslos geliebt.

DER AUGENBLICK DER WAHRHEIT

Am Montagmorgen kam der junge Mann pünktlich um sieben Uhr im Büro an. Er war den größten Teil der Nacht wach geblieben, um für den Präsidenten eine Zusammenfassung dessen fertig zu stellen, was er gelernt hatte. Auf seinem Weg den langen Korridor zu den Räumen des Präsidenten entlang dachte er: *Es ist merkwürdig, an einem Feiertag hier zu sein. Alles ist so ruhig, niemand käme auch nur auf den Gedanken, dass schon morgen hier die Hölle los sein könnte.*

Der junge Mann stand in der Tür zum Präsidentenbüro. Auf dem Schreibtisch und auf dem Konferenztisch waren Papiere, Berichte und Tabellen verstreut. Es sah so aus, als habe der Präsident die ganze Nacht gearbeitet – vielleicht sogar das ganze Wochenende.

Der junge Mann betrat das Büro. Überrascht blickte der Präsident zu ihm auf. Dann breitete sich ein Lächeln auf seinem ganzen Gesicht aus – ein Lächeln, an das der junge Mann sich zwar erinnerte, das er aber schon eine ganze Weile nicht mehr gesehen hatte.

Der junge Mann schloss leise die Tür und setzte sich.

«Ich bin froh, dass Sie eine sichere Reise hatten und dass Sie hier sind», sagte der Präsident, erhob sich und sah dem jungen Mann direkt in die Augen. «Zuerst war ich nicht sicher, ob Sie wiederkommen würden, und wenn Sie es nicht getan hätten, hätte ich dafür Verständnis gehabt. Haben Sie noch einmal vielen Dank, dass Sie mir die Lincoln-Geschichte zugeschickt haben.»

«Es freut mich, dass sie Ihnen etwas gegeben hat.»

«Die Geschichte war hilfreicher, als Sie sich vorstellen können. Als sie aus meinem Faxgerät kam, schrieb ich gerade mein Rücktrittsgesuch», sagte der Präsident.

«Aber nachdem ich gelesen hatte, was Lincoln getan hatte, war ich wachgerüttelt und überdachte noch einmal meine Möglichkeiten. Aber noch immer stehe ich vor einem großen Dilemma.»

«Ich weiß», sagte der junge Mann. «Darum musste ich auch heute Morgen unbedingt herkommen. Ich habe in den letzten Tagen etwas Außergewöhnliches erlebt, und ich komme, bewaffnet mit ein paar wirksamen Ideen, die nützlich sein könnten. Ich hoffe, Sie sind bereit, mir zuzuhören. Ich muss Sie vorher jedoch warnen, denn einiges von dem, was ich gleich vorschlagen werde, mag für Sie nicht angenehm zu hören sein.»

«Nichts, was Sie sagen, kann schwerer anzuhören sein als die Dinge, die ich mir selbst in den letzten paar Tagen gesagt habe. Ich weiß Ihre Offenheit zu schätzen.»

Der junge Mann begann: «Eines der ersten Dinge, die ich dieses Wochenende erfahren habe, ist, *dass ich Sie um Entschuldigung bitten muss*. Sie haben gesagt, Sie wüssten meine Offenheit zu schätzen, aber ich bin in letzter Zeit nicht offen gewesen, weder Ihnen noch mir selbst gegenüber. Ich bin Teil des Problems, nicht der Lösung gewesen. Ich habe gemerkt, dass die Dinge schief liefen, aber ich hatte nicht den Mut, Ihnen die Wahrheit zu sagen.

Wenn Sie auch der Präsident dieser Firma sind, so stecken Sie doch nicht allein in dieser Sache. Ich habe gesehen, dass das, was hier ablief, nicht richtig war. Ich schäme mich dafür, dass ich Ihnen nicht eher die Wahrheit gesagt habe, aber ich hatte Angst,

Ihr Vertrauen oder meinen Job zu verlieren. Ich entschuldige
mich und bitte Sie um Verzeihung, dass ich Sie im Stich gelassen habe. Ich kann Ihnen versichern, dass das nicht wieder vorkommen wird.»

«Danke», sagte der Präsident einfach.

«Ich würde gerne einen Vorschlag machen und hoffe, Sie
nehmen ihn so auf, wie ich ihn meine.»

Der Präsident blickte ihn an und fragte: «Was empfehlen
Sie?»

«Sie müssen sich beim Aufsichtsrat entschuldigen», sagte der
junge Mann selbstsicher.

«Ich weiß, dass Sie Recht haben, aber ich weiß nicht, wie ich
das tun kann, was Lincoln getan hat», entgegnete der Präsident.

Der junge Mann lächelte und sagte: «Da sprechen Sie genau
mit dem Richtigen. Das ist es, was ich dieses Wochenende gelernt habe. Lassen Sie mich zusammenfassen, was in meinen
Augen eine effektive Entschuldigung ausmacht», schlug der
junge Mann vor.

Über eine Stunde lang hörte der Präsident dem jungen Mann
aufmerksam zu. Als er fertig war, seufzte der Präsident tief.
«Was Sie da vorgetragen haben, ist genau das, was meinen eigenen Überlegungen bisher fehlte. Während Sie etwas über die
Minuten-Entschuldigung gelernt haben, habe ich auch an etwas
gearbeitet, nämlich an einem Business-Plan, von dem ich denke,
dass er dieser verfahrenen Situation eine Wende zum Besseren
geben und unsere Firma in die Erfolgsspur zurückbringen kann.
Aber dieser ganze großartige Plan ist nutzlos, wenn es mir nicht
gelingt, das Vertrauen des Aufsichtsrates zurückzugewinnen.
Ich habe mich so unmöglich benommen letzten Freitag! Ich
habe ernsthafte Zweifel, ob der Aufsichtsrat überhaupt irgendetwas von dem anhören wird, was ich sagen will.»

Der junge Mann schwieg einen Augenblick und erwiderte dann: «Sie werden zuhören, wenn Sie sich aufrichtig entschuldigen. Das mag schwierig sein angesichts des Zeitpunktes und wenn man bedenkt, was auf dem Spiel steht, aber:

Eine Minuten-Entschuldigung

kann eine wirksame Methode sein,

um einen Fehler, den man gemacht hat,

zu korrigieren

und das Vertrauen,

das für eine gute Beziehung notwendig ist,

wiederherzustellen.

Der Präsident sah seinen jungen Kollegen an und sagte: «Mir ist jetzt klar, dass ich im Irrtum war und viel Porzellan zerschlagen habe. Würden Sie bitte hier bleiben und mein Coach bei dieser Minuten-Entschuldigung sein?»

«Selbstverständlich!», antwortete der junge Mann.

Während ihres Gesprächs stellte der Präsident viele Fragen.

Je länger sie sich unterhielten, desto deutlicher spürte der junge Mann, dass der Präsident wirklich daran interessiert war zu lernen, wie man effektiv um Entschuldigung bittet. Er war mit Ernst dabei und betrachtete das nicht einfach als billige Notlösung seines schwierigen Problems.

Der junge Mann atmete erleichtert auf. Er wusste, wenn der Präsident unaufrichtig war, würde das die Sache nur verschlimmern.

Als sie fertig waren, wandte sich der Präsident dem jungen Mann zu und sagte: «Von nun an werde ich mir Gedanken über meine Minuten-Entschuldigung vor dem Aufsichtsrat machen, ernstlich und ehrlich zu mir selbst. Wären Sie vielleicht bereit, in der Zwischenzeit hier zu bleiben und unser Team bei der Arbeit an dem Restrukturierungsplan unterstützen? Weitere Mitarbeiterinnen und Mitarbeiter werden in Kürze dazustoßen.»

«Das wäre mir eine Ehre», antwortete der junge Mann.

«Gut. Sie dabei zu haben wird bei der Planung der Maßnahmen, die in den nächsten Tagen und vermutlich auch in den nächsten Monaten ergriffen werden müssen, eine große Hilfe sein.»

Als die Abteilungsleiter eingetroffen waren, eröffnete der Präsident das Meeting, indem er sich kurz an die Teammitglieder wandte: «Sie alle sind an Ihrem freien Tag hier bei mir, um an einem Meeting mitzuwirken, das nicht notwendig wäre, wenn ich nicht einige schwere Fehler begangen hätte. Ich danke Ihnen, dass Sie gekommen sind.»

Danach überraschte der Präsident den jungen Mann, indem er sich bei dem gesamten Team entschuldigte. Er hatte erwartet, dass der Präsident erst um Entschuldigung bitten würde, wenn er vor dem Aufsichtsrat stand. Es war etwas unbeholfen, aber die Aufrichtigkeit des Präsidenten wurde deutlich. Er tat sein Bestes, um alle wissen zu lassen, dass er einen Fehler gemacht hatte.

Zuerst wirkten die Teammitglieder verblüfft, aber dann sagte einer der Abteilungsleiter: «Wir sind hergekommen, um einen Job zu erledigen, lassen Sie uns also loslegen.»

Die anderen Teammitglieder waren einverstanden. Nach der kurzen, aber ehrlichen Eröffnung des Präsidenten hatten sie alle das Gefühl, ihre Gedanken frei aussprechen zu können. Die Diskussion über die Umstrukturierungen verlief zeitweise recht hitzig, und das Meeting dauerte bis tief in die Nacht. Aber am Ende hatte das Team einen Plan, und alle waren stolz, daran mitgewirkt zu haben.

DIE MINUTEN-ENTSCHULDIGUNG DES PRÄSIDENTEN

Am Dienstagmorgen, vor der Aufsichtsratssitzung, kehrte der junge Mann ins Büro des Präsidenten zurück. Der Präsident erhob sich, kam dem jungen Mann auf halbem Wege entgegen und sagte: «Ich muss Sie *ganz besonders* um Entschuldigung bitten.»

Der junge Mann war sprachlos, als der Präsident fortfuhr: «Ich weiß, Sie haben auf eine Reihe interessanter Angebote von anderen Firmen verzichtet, um mit mir zusammenzuarbeiten. Ich habe Sie in vielerlei Hinsicht im Stich gelassen, und dennoch haben Sie immer loyal zu mir gehalten. Sie sind ein bemerkenswerter junger Mann. Was auch immer heute geschieht, ich werde dafür sorgen, dass jeder erfährt, was Sie für mich getan haben und was Sie zum Schluss auch für die Firma zu tun versucht haben. Ich verspreche, ich werde weder Sie noch andere erneut im Stich lassen. Ich hoffe, dass ich das auch bei der Aufsichtsratssitzung in ein paar Minuten deutlich machen kann.»

«Danke», erwiderte der junge Mann. «Ich hoffe, es läuft gut.»

Der Präsident lächelte beklommen.

Dann betraten der junge Mann und der Präsident gemeinsam den Sitzungssaal.

Nachdem der Vorsitzende die Versammlung eröffnet hatte, stand der Präsident auf, um zu den Aufsichtsratsmitgliedern zu sprechen. Sofort spürte er die Feindseligkeit im Raum, als er zum Kopf des Konferenztisches ging.

Er schluckte heftig und begann: «Inzwischen ist Ihnen allen der Ernst der Lage bewusst, der sich unsere Firma im Moment gegenübersieht. Ich übernehme die volle Verantwortung für meine Fehleinschätzungen, die zum Ernst dieses Problems beigetragen haben.

Ich schäme mich für meine Handlungsweise. Sie alle haben letzten Freitag ein Beispiel für dieses Verhalten erlebt, das ich bereue und das mir peinlich ist. Ich wollte unbedingt Recht haben. Ich habe nicht zugehört und bin allen Informationen aus dem Weg gegangen, die unseren substanziellen Verlust im vergangenen Quartal oder die Probleme, die wir nun vor uns haben, hätten verhindern können.»

Die Aufsichtsratsmitglieder hörten dem Präsidenten mit ungeteilter Aufmerksamkeit zu, während ihnen die ganze Tragweite seiner Worte zu dämmern begann.

Der Präsident fuhr fort: «Mir ist klar, wie viel Schaden ich in dieser Firma, bei Ihnen sowie bei meinen Kolleginnen und Kollegen angerichtet habe. Dafür bitte ich um Entschuldigung. Es gibt einiges, was sich ändern muss, und das fängt bei mir an.

Sie alle haben ein Exemplar eines umfassenden Restrukturierungsplans erhalten, und ich bin davon überzeugt, dass mit seiner Hilfe die frühere hervorragende Position unserer Firma wieder erreicht werden kann. Bevor wir diesen Vorschlag diskutieren, lassen Sie mich feststellen, dass ich darauf vorbereitet bin, am heutigen Tag meinen Rücktritt einzureichen. Einen entsprechenden Brief an den Aufsichtsrat habe ich bereits unterzeichnet.

Wenn Sie jedoch wollen, dass ich weiterhin in einer Führungsposition diene, dann gebe ich Ihnen und meinen Kolleginnen und Kollegen das feierliche Versprechen, dass ich mein Fehlverhalten der vergangenen Monate niemals wiederholen werde.»

Als der Präsident seine Minuten-Entschuldigung beendete,

entspannten sich die Gesichtszüge der Aufsichtsratsmitglieder. Die Feindseligkeit, die zuvor in der Luft gelegen hatte, begann zu weichen. Der Vorsitzende sagte: «Bitte fahren Sie fort.»

Der Präsident bat die Aufsichtsratsmitglieder, in ihren Unterlagen für das Meeting den Abschnitt mit der Markierung «Restrukturierungsplan» aufzuschlagen. Dann begann er den neuen Plan sowie die Vorschläge zu dessen Umsetzung ausführlich zu beschreiben.

Als er fertig war, wurde es still im Raum, bis schließlich der Vorsitzende das Wort ergriff und den Präsidenten und den jungen Mann aufforderte, den Sitzungssaal zu verlassen, damit der Aufsichtsrat unter sich beraten konnte.

Der Präsident und der junge Mann gingen auf dem Flur auf und ab. Der junge Mann sprach als Erster: «Sie haben das Richtige getan, was auch immer nun dabei herauskommt.»

Der junge Mann meinte zu sehen, dass die Augen des Präsidenten sich zu trüben begannen.

Der Präsident erwiderte: «Das glaube ich auch. Ich hoffe, ich bekomme die Chance, meine Taten deutlicher sprechen zu lassen als meine Worte.»

Dreißig Minuten später wurden sie wieder hereingerufen, und der Vorsitzende ergriff wieder das Wort.

«Ich spreche im Namen aller, die heute hier sind. Wir sind sehr beeindruckt von dem, was Sie gerade zu uns gesagt haben. Wir begrüßen Ihre Entschuldigung und nehmen sie an. Wenn Sie das, was Sie angekündigt haben, auch durchführen, dann werden wir hundertprozentig hinter dem eindrucksvollen Restrukturierungsplan stehen, den Sie uns heute Morgen vorgelegt haben.»

Dann fragte der Vorsitzende den Präsidenten: «Haben Sie noch etwas zu sagen?»

«Ja, das habe ich», antwortete der Präsident.

Der Präsident hielt einen Moment lang inne, blickte jedes Aufsichtsratsmitglied einzeln an und sagte dann: «Ich beabsichtige, so lange ohne Bezahlung zu arbeiten, bis die gegenwärtige Lage ausgestanden ist.»

Die Aufsichtsratsmitglieder waren perplex.

«Außerdem», fuhr er fort, «bin ich vertraglich durch großzügige Bonus- und Abfindungsklauseln abgesichert. Aber mit dem heutigen Tag verzichte ich auf meine Ansprüche auf diese Gratifikationen. Diese Vergünstigungen und Privilegien basierten auf Ihrem Vertrauen in den Menschen, den Sie eingestellt haben – den Menschen, der ich einmal war und der ich wieder sein will.

Dieser Mensch verdiente Ihr vollständiges Vertrauen und Ihren Respekt. Aber dieser Mensch ist irgendwo vom rechten Wege abgekommen. Ich habe die Absicht, wieder zu diesem Menschen zu werden – aber niemand in diesem Raum soll seine Rückkehr subventionieren. Das muss ich selbst tun. Ich überlasse Ihnen das Urteil darüber, wann ich wieder dieser Mensch bin.»

Es war still im Saal. Dann standen auf einmal alle auf und applaudierten spontan.

Der Präsident lenkte die Aufmerksamkeit auf den jungen Mann, und alle Augen folgten seinen. Er sagte: «Zum Schluss möchte ich, dass Sie alle wissen, dass dieser ganz besondere junge Mann hier große Mühe auf sich genommen hat, um mir in dieser gefährlichen Situation zu helfen ...»

Der junge Mann unterbrach abrupt seine Mitschrift des Meetings. Er erinnerte sich an die besonderen Augenblicke des Wochenendes am See mit dem Minuten-Manager und seiner Familie; er blickte auf und flüsterte: «Vielen Dank.»

In diesem Augenblick verstand der junge Mann die ganze Bedeutung der Abschiedsworte des Minuten-Managers, unmittelbar bevor er vom See abgereist war:

Bedanke dich,

indem du die Minuten-Entschuldigung

richtig anwendest

und andere

an dem, was du gelernt hast,

teilhaben lässt.

EPILOG

Am selben Abend schickte der junge Mann eine E-Mail an den Minuten-Manager und dankte ihm und seiner Familie für ihren Beitrag zum erfolgreichen Ausgang der Aufsichtsratssitzung.

«Ich mag mir gar nicht ausmalen», schrieb er, «wie der heutige Tag für mich und alle, mit denen ich zusammenarbeite – insbesondere für meinen Präsidenten –, ohne eure Hilfe verlaufen wäre.

Ich habe eine Zusammenfassung der Minuten-Entschuldigung geschrieben, die ich in Ehren halte als Erinnerung an die neue Richtung, die mein Leben nimmt, und auch an das ganz besondere Wochenende, das wir zusammen am See verbracht haben. Du und deine Familie – ihr habt mich in ein mächtiges Geheimnis eingeweiht, das im wahrsten Sinne des Wortes mein Leben verändert.»

Der junge Mann zog die Zusammenfassung aus seiner Brieftasche hervor, um sie noch einmal anzusehen – genau wie er es auch in den folgenden Jahren tun sollte, wann immer er sich entschuldigen musste oder wenn er andere an dem, was er gelernt hatte, teilhaben lassen wollte:

Die Minuten-Entschuldigung.
Eine Zusammenfassung

Ich stelle mir selbst die folgenden Fragen und beantworte sie wahrheitsgemäß:

- Was habe ich falsch gemacht?

- Habe ich eine andere Person, ihre Wünsche, Gefühle oder Ideen missachtet?

- Habe ich mir etwas als Verdienst anrechnen lassen, was mir nicht zukam?

- Warum habe ich das getan?

- War es eine impulsive, gedankenlose Handlung? War es Berechnung? War es eine Folge meiner Angst, meines Ärgers oder meiner Frustration? Was hat mich dazu bewegt?

- Wie lange habe ich das zugelassen? Ist dies das erste Mal oder eine Wiederholung? Wird dieses Verhalten bei mir zu einer Gewohnheit?

- Mit welcher Wahrheit will ich mich nicht auseinander setzen?

- Bin ich besser als dieses Verhalten?

Dann tue ich das Folgende:

■ Ich beginne meine Minuten-Entschuldigung mit *Kapitulation*.

■ Ich bin aufrichtig und gestehe mir selbst ein, dass ich einen Fehler gemacht habe und ihn wieder gutmachen muss.

■ Ich übernehme die volle Verantwortung für mein Handeln und erkenne ernsthaft die Notwendigkeit an, mich bei allen, denen ich geschadet habe, zu entschuldigen, unabhängig vom Ergebnis.

■ Ich beeile mich mit meiner Entschuldigung – ich handle so schnell wie möglich.

■ Ich sage jedem, dem ich geschadet habe, genau, was ich falsch gemacht habe.

■ Ich lasse jene, denen ich geschadet habe, wissen, was ich empfinde.

Ich vollende meine Minuten-Entschuldigung mit *Integrität*.

■ Ich erkenne, dass das, was ich getan habe, nicht zu dem Menschen passt, der ich sein möchte.

■ Ich versichere mir, dass ich besser bin als mein Fehlverhalten, und verzeihe mir selbst.

■ Ich erkenne an, wie sehr ich andere verletzt habe,

indem ich Wiedergutmachung leiste und beweise, dass ich entschlossen bin, diese Handlung nicht zu wiederholen, indem ich mein Verhalten ändere.

DANKSAGUNGEN

Wir möchten gerne die vielen Menschen würdigen, die ihren Beitrag dazu geleistet haben, dieses Buch besser zu machen. Dazu gehören:

Margie Blanchard und Nevins McBride, unsere Ehepartner, die mit Geschick und Liebe dafür gesorgt haben, dass unsere Leben beinahe frei von Entschuldigungen verlaufen sind; Debbie Blanchard Medina und Scott Blanchard; Kim Sauer McBride, Leslie McBride Ege, Robyn McBride Deuber und Kelly Wright, unsere Kinder, mit denen wir über die Jahre so manche wertvolle Entschuldigung erlebt haben, für die Einsichten, die sie zu diesem Buch beigetragen haben, und für die fortgesetzte Praxis mit unseren Enkelkindern Kurtis und Kyle Blanchard, Phoebe und Annabel Wright, Carly Ege und Wylie Deuber; Donna DeGutis und Renee Vincent von der McBride Literary Agency für ihre verlegerische Professionalität; Jameson Dodson dafür, dass er uns N.E.O. (*nicht Ergebnis-orientiert*) nahe gebracht hat als eine herrliche Art, Golf zu spielen und das Leben zu leben; Dottie Hamilt, die immer für Ken da gewesen ist; Phil Hodges für seine Ermutigung, seine Ratschläge und beständige Hilfe; Spencer Johnson, nicht nur für sein wunderbares Vorwort, sondern auch für seine weise Beratung; Larry Hughes und Pat Golbitz für ihre redaktionellen Anregungen in der Entstehungsphase des Buches; Robert S. McGee für das, was wir über Selbstwertgefühl gelernt haben; John Ortberg dafür, dass er uns seine Geschichte vom Monopoly-Spielen mit seiner Großmutter mitgeteilt hat; Charlie und Vera Richardson dafür, dass sie Vorbilder für eine aufrichtige und ehrliche Lebensweise sind; der verstorbene Carl Sandburg für seine wunderbare Schilderung von Lincolns Entschuldigung; unser Verleger, Michael Morrison, für seine Leitung; unser Lektor Henry Ferris für seine brillante Redaktion und die unermüdliche Unterstützung, mit der er sich für unser Buch stark gemacht hat; Carrie Kania für ihre fabelhaften Marketingbemühungen; Kristen Green und Debbie Stier für ihre phänomenale PR-Kampagne; Jane Freidman dafür, dass sie von Anfang an an das Buch geglaubt hat; Cathy Hemming dafür, dass sie uns stets aufgemuntert hat; Claire Wachtel, Libby Jordon und Brenda Segal für ihre Freundschaft, ab und zu ein herzhaftes Lachen, Enthusiasmus, Kreativität und Offenheit während des Publikationsprozesses; Lisa Queen von IMG für ihre Unterstützung, als dieses Buch noch nichts weiter war als ein Vorschlag, und ihre kontinuierliche Expertise bei der Platzierung diese Buches auf ausländischen Märkten; unsere großzügigen Korrekturleserinnen und -leser für ihr Feedback: zuallererst unsere Arbeitsgruppe bei Skaneateles CC – außerdem Patti Arthur, Trudy Atchinson, Marlilynn Boesky, Sheldon Bowles, Lee Bruckman, Jason Cabassi, Jessica Clark, Steve Diamond, Richard Farson, Lawrence Goldberger, Paula Hauer, Jeanne Jones, Tracy Kelleher, Kim Kruckel Batista, Fleur Lawrence, Sangeeta Mehta, Peggy Manoogian, Kathy Park, Carol Randolph, Renee Richardson, David Rozen, Marjorie Shaevitz, Susan Schutz, Susan Scott, Sheldon Siegel, Will Stewart, Jeanne Welch und Kris Wallace.

SERVICE-ANGEBOTE

Wenn dieses Buch Sie dazu inspiriert hat, sich bei jemandem zu entschuldigen, dem sie unrecht getan haben, und Sie daraufhin rechtzeitig eine wirksame Entschuldigung ausgesprochen haben, dann geben Sie Ihre Geschichte doch bitte an uns weiter! Wie ist es abgelaufen? Was ist geschehen? Hat es Ihr Leben und das von jemandem, dem Sie unrecht getan haben, erleichtert? Erzählen Sie uns davon unter: oma@oneminuteapology.com.

Ken Blanchard und Margret McBride halten Vorträge bei Kongressen und Tagungen von Organisationen auf der ganzen Welt, Buchungen erfolgen über das Speakers Bureau bei The Ken Blanchard Companies. Für weitere Informationen über ihre Vortragstätigkeit wenden Sie sich bitte an:

The Ken Blanchard Companies	Margret McBride
125 State Place	PMB 264
Escondido, CA 92029	7660 Fay Ave., Ste. H
Tel. 1-800-728-6000 oder	La Jolla, CA 92037
1-760-489-5005	Tel. 1-858-270-6600

The Ken Blanchard Companies zählen zu den Weltmarktführern in den Bereichen innerbetriebliche Weiterbildung, Mitarbeiter-Produktivität und effiziente Unternehmensführung. Die Firma, die auf den Prinzipien von Ken Blanchards Büchern aufbaut, gilt als herausragende Ideenschmiede zur Verbesserung von Führungsqualitäten und ist berühmt für die Anerkennung der Bedeutung menschlicher Leistung und Werte, wenn es darum geht, strategische Ziele zu erreichen. The Ken Blanchard Companies helfen den Menschen nicht nur beim Lernen, sondern auch dabei, die Brücke vom Lernen zum Handeln zu überschreiten. Wenn Sie mehr über The Ken Blanchard Companies erfahren möchten, besuchen Sie die Website www.kenblanchard.com.

Würde ein S.O.R.R.Y.! auch in Ihrer Oraganisation manche Bremsen lösen?

Seit 1977 trainieren wir Führungskräfte in der wirksamen Zusammenarbeit. Für unsere Auftraggeber entwickeln wir passgenaue Konzepte. Gemeinsam setzten wir sie schrittweise und konsequent um.

Das Ergebnis: partnerschaftliches und zielorientiertes Management führt zu kompetenten und engagierten Mitarbeitern und produktiven Teams.

Wir machen Ihre Führungskräfte fit …

- in Gesprächsführung und Arbeitsmethoden
- für die Gestaltung von motivierenden Perspektiven
- im Umgang mit kritischen Situationen

Voss+Partner

Beratung · Training · Entwicklung
Siemensstraße 31 · 25462 Rellingen
Tel. 04101/38 44-0 · Fax 3 16 36
Internet: www.voss-partner.org
Mitglied im BDU

Ihr Blanchard-Partner im deutschsprachigen Raum